Das Wunder hinter dem Dorf

Klaus-André Eickhoff

Das Wunder hinter dem Dorf

Die bewegende Geschichte
von Karin Eckstein und
der Familienherberge
Lebensweg

Herausgegeben
von Karin Eckstein

Swiridoff

GELEITWORT

von Carmen Würth

Was kann eine Einzelne oder ein Einzelner schon bewirken?

Eine Frage, die sich sicherlich jeder von uns schon einmal in seinem Leben gestellt hat. Dieses Buch gibt eine klare Antwort auf diese Frage, ohne dabei die emotionale Seite zu vernachlässigen.

So kann es einzelnen Menschen gelingen, andere zu gewinnen, die Welt ein bisschen besser zu machen. Sich füreinander einzusetzen, allerdings nicht als moralische Pflicht, sondern als erfüllende Herzensangelegenheit.

Wir alle können unsere Gedanken und unsere Herzen öffnen, um Benachteiligten und Menschen mit Behinderung die Welt angenehmer zu gestalten.
Karin Eckstein zeigt in diesem Buch, wie es gehen kann. Sie zeigt, dass für sie und ihre Mitstreiter nicht Geld am wichtigsten ist, um etwas bewegen zu können, sondern dass man es mit dem Herzen tut. Denn nur, wenn man von einer Sache von ganzem Herzen überzeugt ist und sie beherzt angeht, führt dies schlussendlich zum Erfolg. Das macht Karin Eckstein für mich und viele andere Menschen zu einem Vorbild.

Ihr großes Engagement ist bewunderns- und unterstützenswert.

Was bewegt einen Menschen dazu, sich so stark für unsere Gesellschaft einzusetzen, stets für seine Mitmenschen da zu sein, sich für jene einzusetzen, die Hilfe brauchen?

Woher kommt diese Gabe? Steckt sie in jedem von uns?

Was können wir von Karin Eckstein lernen?

Karin Eckstein ist eine jener *selbstlosen Lichtgestalten* in der Nothilfe, von denen wir noch *viel zu wenig in unserer Gesellschaft haben.* Während andere noch reden, handelt sie schon, weil sie in Aufgaben eine Aufforderung sieht, diese zu lösen – und das nicht nur um des Lösens willen, sondern um die Welt etwas besser zu machen. **Sie spricht und handelt aus tiefster Überzeugung.** Und wenn man in ihre strahlenden Augen blickt und ihre Warmherzigkeit erlebt, dann gibt sie uns noch etwas ganz Entscheidendes mit auf den Weg: **Der Einsatz ist kein Opfer, sondern macht Freude.** Und er wird auch reich belohnt, indem er das soziale Empfinden in unserer Gesellschaft wiederbelebt.

Wenn man in der Familie ein Kind hat, das ganz anders ist, weil es in der Gesellschaft, so wie sie ist, nicht ohne Hilfe sein kann, dann braucht man eine Umgebung, die auf die besonderen Bedürfnisse dieser Menschen eingeht. Doch ein Gefühl für diese Menschen und was sie benötigen, bekommt man erst, wenn man sich auch mit ihnen beschäftigt und sich auf sie einlässt. Aus den vielen Gesprächen mit Eltern weiß Karin Eckstein, wie demütigend und enttäuschend Unverständnis sein kann, wie zermürbend das stetige Kämpfen ist, wie ausgegrenzt und alleingelassen man sich fühlt, nur weil ein Kind anders ist. Mit ihrem einzigartigen Konzept schenkt Karin Eckstein Familien ein bisschen Normalität, nach der sie sich manchmal so sehr sehnen. Es ist genau das, was die Eltern und Geschwister brauchen, genau das, was ihnen guttut – ein Ort der Ruhe, der Begegnung und des Beistandes. *Deshalb brauchen wir Einrichtungen wie die Familienherberge Lebensweg so sehr.*

Die **Not** unter uns Menschen, in unserer Gesellschaft, **ist so vielfältig,** dass man oft fassungslos dasteht und gar nicht weiß, wo man anfangen soll zu helfen und wie das gelingen kann.

Karin Eckstein hat alles erlebt:
fassungslos zu sein,
an Hilfe zu glauben,
dann mit aller Kraft zu handeln.

Die Menschen, von denen dieses Buch handelt, haben angepackt. Sie haben in ihrer jeweiligen Welt, so groß oder klein sie war, Wegweiser gesetzt. Sie haben gezeigt, dass es nicht egal ist, was man tut, wie man es tut und wozu man es tut.

Ihre Geschichte soll Nachdenklichkeit wecken und zur Nachahmung im Kleinen und Großen anregen.

Das vorliegende Buch bietet bei dieser anspruchsvollen Aufgabe eine sehr wertvolle Grundlage. Es zeigt auf, wo die Herausforderungen und wo die Chancen liegen. Dieses Buch soll all jene erreichen, die die Integration von Benachteiligten fördern und umsetzen wollen. *Es ist eine Anleitung für uns Menschen, denen das Traurige auf dieser Welt nicht einfach egal ist.* Es ist zugleich eine Aufforderung an jeden von uns, zu handeln. Nehmen wir den Kampf an, dann gelingt ein ganz kleines Wunder oder vielleicht auch ein **„Wunder hinter dem Dorf“**.

VORWORT

Liebe Leserin, lieber Leser,

schon in den ersten Jahren der Entstehungsgeschichte der Familienherberge Lebensweg, noch lange bevor die ersten Bagger in Schützingen anrollten, habe ich Karin Eckstein kennengelernt. Ihre Vision, einen Ort zu schaffen, an dem Familien, die ihr schwerbehindertes Kind zu Hause pflegen, Urlaub machen können, hat mich von Anfang an beeindruckt. Durch ihre Arbeit als Kinderkrankenschwester in der häuslichen Pflege weiß Karin aus erster Hand, welcher Dauerbelastung diese Familien in ihrem Alltag ausgesetzt sind. Karins Berichte darüber haben mich zutiefst bewegt. Es war mir sofort klar, dass ich ihr Engagement gerne als Botschafter für ihr Projekt unterstützen möchte.

In diesem Buch ist die komplette Geschichte der Familienherberge Lebensweg nachzulesen. Es ist faszinierend und beeindruckend zugleich, wie aus einer kleinen Idee ein solch großes und großartiges Projekt entstanden ist. Spannend, wie sich hier trotz aller Widerstände Wunder an Wunder gereiht hat, um das „Wunder hinter dem Dorf" zu ermöglichen. Mir hat das Lesen der Geschichte noch einmal neu vor Augen geführt, wie wichtig und notwendig Karins Arbeit ist. Wie klein sind oft die eigenen Probleme im Vergleich zu den schweren Schicksalen der Familien, um die es Karin Eckstein geht! Wie gut, dass die Familienherberge Lebensweg genau solchen Familien Entlastung und Unterstützung bietet. Das große Engagement von Karin Eckstein, ihrer Familie und ihrem Team ist bewunderns- und unterstützenswert. Ihre Geschichte ist bewegend und ermutigend zugleich. Großartig, dass sie in diesem Buch nachzulesen ist!

Viel Inspiration beim Lesen!

Ihr
Guido Buchwald

Fußballweltmeister 1990,
offizieller Botschafter der
Familienherberge Lebensweg

I

HINTER DEM DORF

Das Mädchen vom Hof

Noch lange vor der Schule, manchmal schon um fünf Uhr morgens, ist sie mit dem Vater auf dem Feld. Er mäht die Wiese, sie recht das Gras zu geraden Linien. So kann der Ladewagen drüberfahren und es aufsammeln. Das Mädchen ist auch gerne im Stall, mistet aus, füttert die Tiere. Das alles ist selbstverständlich, ist ihr Leben, gehört dazu. Sie ist gerne draußen, liebt die Natur und das Hofleben. Der Alltag ist geregelt, hat eine klare Struktur. Frühstück, Mittagessen, Abendvesper immer zur gleichen Zeit.

Einmal in der Woche wird im Backhaus gebacken: Brot und Zopf. Den trockenen Zopf gibt es jeden Tag zum Frühstück. Sie zerbröckelt ihn in ihre Tasse Kakao, drückt die Krumen nach unten, füllt nach, quetscht so lange, bis nichts mehr hineinpasst. Dann löffelt sie das süße Gemisch genüsslich aus. Währenddessen richtet die Mutter die Vesperbrote für die Schulkinder und für ihren Mann, der nicht nur Land-, sondern auch Forstwirt ist. Die fünf Geschwister sitzen im Wechsel am Frühstückstisch oder waschen sich am Waschbecken, das ebenfalls in der Küche ist. Das ist praktischer als im Bad, wo man das Wasser erst hätte warm machen müssen.

Nach Schule und Mittagessen wird die Arbeit verteilt. Futtermais ernten, Steine lesen vom Feld, Rüben hacken, Unkraut jäten, Obsternte, auch Reben lesen im Weinberg, Trauben schneiden. Die Geschwister packen eigenverantwortlich mit an. Es gibt auch mal Streit und das Mädchen schließt sich auf der Toilette ein, um den Pflichten zu entkommen. Keine Musterkinder, die zur Arbeit strammstehen. Letztendlich wissen sie aber, dass es nur geht, wenn alle mithelfen. Auch wenn für den Eigenbedarf geschlachtet wird, haben alle ihre Aufgabe. Das Mädchen sitzt mit am Tisch, zerkleinert und verpackt das Fleisch, beschriftet Zettel. Alle fünf Geschwister sind intensiv eingebunden, ohne überfordert zu sein.

Nach der Hofarbeit folgen die Hausaufgaben. Erst wenn das erledigt ist, kommt die Freizeit. Die 13-Jährige erwischt gerade noch den letzten Bus in die nächste Ortschaft. Keiner chauffiert sie, alles muss selbst organisiert werden. Im Freibad angekommen, kann sie gerade noch kurz ins Wasser hüpfen, während sich ihre Freundinnen bereits drei Stunden vergnügt und einen Sonnenbrand geholt haben. Doch sie beschwert sich nicht. Es fehlt ihr an nichts. Sie freut sich ihres Lebens, die Selbstorganisation gehört wie alles andere dazu, prägt sie. Es gilt das Motto: „Wenn du nicht selber guckst, kommst du zu nichts.“ Und das ist okay so.

Wenn alle daheim sind, sitzen zum Abendvesper sieben Personen in der Küchenstube am reich gedeckten Tisch. Die Eltern, die zwei großen Brüder, die große Schwester, die 13-Jährige und der kleine Bruder. Eine Gemeinschaft, die guttut und zusammenschweißt.

Der Tag hat noch ein paar Stunden zu bieten. Wenn sie nicht zum Akkordeonunterricht, zur Singstunde oder zum Leichtathletiktraining muss, schnappt sich das Mädchen ein Buch, sucht sich einen Platz am Waldrand und taucht ein in eine andere Welt. Später am Abend zieht sie den Vorhang vor ihrem Schlafplatz zu, kuschelt sich ins Bett, liest noch ein paar Zeilen. Doch schon bald wird sie müde, der Tag war lang. Morgen geht es wieder früh raus. Sie freut sich auf den neuen Tag. Glückliche Kindheit! Das Mädchen heißt Karin.

Das Mädchen im Wachkoma

25 Jahre später. Das Pflegebett steht im Wohnzimmer. Es duftet nach Pfefferminze und Orangenöl. Das Mädchen ist ordentlich hergerichtet, ihre Mutter hat sie eingecremt und eingeölt. Nach einer mühsamen Nacht- und Morgenschicht übergibt sie die Pflege ihrer Tochter in die Hände der Kinderkrankenschwester, die jeden Freitag zu ihnen nach Hause kommt.

Das Tracheostoma des Mädchens muss regelmäßig gesäubert und beobachtet werden. Ohne die operativ angelegte Öffnung der Luftröhre wäre Nina [Anm. des Autors: Name wurde geändert] nicht lebensfähig. Nach einem Badeunfall ist sie schwerstbehindert, liegt im Wachkoma. Das heißt nicht, dass sie nichts spürt. Sie hat Wach- und Schlafphasen, hat Empfindungen. Ständig wird mit einem Absauggerät der starke Speichelfluss aus dem Mund abgesaugt. Das hält auch die Fliegen ab, die Nina nicht selber verscheuchen kann.

Die Kinderkrankenschwester redet ganz normal mit ihrer Patientin, erzählt von sich, fragt Nina, wie es ihr geht. Was die 13-Jährige davon versteht, weiß sie nicht. Verbal kann das Mädchen nicht reagieren, doch ihre Augen kommunizieren manchmal mit der Pflegerin.

Ständig plagt Nina kalter Schweiß. Wenn sie sich ärgert oder aufregt, bekommt sie einen hohen Puls, dann fließt der Speichel noch heftiger als sonst und sie röchelt. Auch wenn sie sich freut, reagiert sie. Oft verkrampft sich ihr ohnehin schon sehr verstellter Körper. Die Arme sind angespannt, die Schenkel zeigen nach innen, die Unterbeine nach außen, die Knie berühren sich.

Für alle Pflegekräfte inklusive der Mutter, die viele Schichten selber übernimmt, dreht sich alles darum, es Nina so angenehm wie möglich zu machen. Rund um die Uhr muss nach ihr geschaut werden. Es gibt nur kurze Phasen, in denen das Kind alleine ist. Regelmäßig wird Nina bewegt und sanft massiert, damit sie nicht noch steifer wird. Liegt sie noch gut? Schwitzt sie? Nahrung und Medikamente werden über eine Sonde an der Bauchdecke zugeführt. Auch dieser Eingang muss immer wieder beobachtet, sauber gehalten und die Sonde gewechselt werden, sonst können Infektionen entstehen.

An diesem Tag herrscht schönes Wetter, es geht an die frische Luft. Das bedeutet mindestens eine halbe Stunde packen und umlagern: Die Schwester dreht Nina vorsichtig auf die Seite, legt ein großes Tuch aufs Bett, dreht Nina auf die andere Seite. Das alleine ist eine Riesenprozedur aufgrund von Ninas deformierten Armen und Beinen. Jetzt liegt sie auf dem Tuch für den Lifter, der aussieht wie eine umgedrehte Sackkarre mit Rädern und einem Bügel. Mit dem Kran wird Nina hochgezogen und in den Rollstuhl gehievt.

Schnell erkennt die Pflegerin, dass dem Mädchen etwas nicht passt. Nina wird unruhig, zappelt, schnauft. Die Schwester überlegt: Was gefällt ihr jetzt nicht, was könnte sie brauchen, was könnte man ihr Gutes tun? Liegt sie nicht gut, will sie nicht raus, will sie im Bett bleiben? Vieles lässt sich nur erahnen. Trial and error – tagein, tagaus.

Nina hat sich spürbar entspannt. Sie ist gerne im Wald. Ihre Begleiterin weiß, dass Nina den Spaziergang genießt. Dennoch ist sie auf der Hut: Sie muss darauf achten, dass dem Mädchen nichts in die Augen und in den offenstehenden Mund fällt. Ein Absauggerät ist lebensnotwendig und immer mit dabei. Kein leichtes Gepäck – und Nina selbst ist auch kein Federgewicht. Die Schwester überlegt sich die Wege gut, versucht Anstiege zu vermeiden. Das hier ist kein gewöhnlicher Spaziergang mit Kinderwagen, eher Schwerstarbeit.

Zurück in der Wohnung, wird das Tracheostoma versorgt. Die Binde, die darum gewickelt ist, ist vom Speichel ganz durchnässt. Manchmal wird nur die Binde ersetzt, an anderen Tagen die gesamte Kanüle gewechselt. Manchmal schafft die Schwester es alleine, an anderen Tagen, wenn Nina zu verkrampft ist, holt sie die Mutter dazu. Wenn Nina im falschen Moment verkrampft, macht der Kehlkopf zu und man kriegt die neue Kanüle nicht mehr in die Luftröhrenöffnung. Das kann schlimme Folgen haben. Eine gewisse Anspannung ist jedes Mal dabei, bis das neue Gerät angebracht ist. Es sind emotional schwierige Momente – auch für die Pflegerin. Die Angst, Nina wehzutun oder zu schaden, ist eine ständige Begleiterin. Doch sie weiß, es muss jetzt sein. Nina braucht regelmäßig Tracheostomapflege, auch wenn es sie unglaublich stresst. Die Ränder des Luftröhrenschnitts dürfen sich nicht entzünden! Und so sucht die Kinderpflegerin stets nach dem besten Moment für die Prozedur, wohl wissend, dass es ihn praktisch nicht gibt.

Eine CD läuft. Nina hört gerne Geschichten oder Lieder. Die Pflegerin singt mit ihr, während sie Ninas Extremitäten vorsichtig bewegt und massiert. An anderen Tagen wäscht sie Nina die Haare – wieder so ein großes Unterfangen. Aber Nina mag es, gut gepflegt zu sein. Bereits vor ihrem Unfall war sie sehr auf Schönheit bedacht, hat sich gerne hübsch gemacht. Mithilfe des Lifters geht es auf die Badeliege, die aussieht wie eine Zeltplane mit Stöpsel. Liegend wird das Kind abgeduscht. Es ist eher eine Mischung aus Baden und Duschen – und ein echter Kraftakt, sowohl für Nina als auch für die Pflegekräfte. So sehr es Nina mag, sich im Anschluss die Haare pflegen zu lassen, so mühsam und aufwendig ist das Duschen selbst. Wieder die Angst, dass dabei etwas passieren könnte. Nina ist unentspannt. Oft braucht es eine zweite Pflegekraft, manchmal versuchen sie es ohne Lifter. Da aber immer nur eine externe Pflegekraft im Einsatz ist, ist es die Mutter, die dazukommen muss. Selbst wenn eine Pflegeschwester im Haus ist, hat die Mutter also nicht wirklich frei.

Pausen? Macht die Pflegerin bei Nina im Zimmer. Mal trinkt sie auch einen Kaffee auf der Terrasse und hält dort mit der Mutter einen Plausch. Oder sie macht die Wäsche, den Abwasch, nimmt den Staubsauger zur Hand. Das darf die Pflegedienstleitung allerdings nicht erfahren, denn Hausarbeit kriegt man nicht bezahlt. Das Bett sauber halten, Medikamente nachbestellen, stündlich die Werte kontrollieren – das ist dann wieder die medizinische Versorgung nach Vorschrift, die auch dokumentiert wird. Denn wie in der Klinik auch, muss alles schriftlich festgehalten werden. Alles muss belegt werden können, alles muss nachweisbar sein.

Nach rund acht Stunden – mal sind es etwas weniger, nachts bis zu zehn – endet die Schicht der Kinderkrankenschwester. Die Nachtschicht übernimmt. Heute ist es keine Pflegekollegin, sondern Ninas Mutter. Routinefragen: Wie ist Nina drauf? Gab es etwas Besonderes? Muss auf irgendetwas geachtet werden?

Auf dem Rückweg zu ihrer eigenen Familie, ihrem Mann und ihren drei Kindern, wird Karin Eckstein bewusst, wie sehr sie in den letzten Stunden abgetaucht war. Abgetaucht in ihre Aufgabe, die sie trotz aller Anstrengungen und Herausforderungen mit Hingabe und Freude erledigt hat. Abgetaucht in Ninas Leben, in Ninas Welt. Ganz nah war sie bei ihr, praktisch, gedanklich und emotional. Das eigene Empfinden, die eigene Welt waren nahezu ausgeschaltet. Anders geht es einfach nicht. Sonst bist du unaufmerksam. Ninas Mutter aber bleibt in Ninas Welt. Gedanklich und emotional. Praktisch fast immer. Eine nicht enden wollende Überforderung. Um ihrer Tochter die Kindheit so erträglich wie nur möglich zu machen. Eine glückliche Kindheit, wie Karin sie hatte, ist das nicht. Eine Ungerechtigkeit, die Karin nicht mehr aus dem Kopf geht.

Gegenwart. In Illingen-Schützingen ist ein Wunder geschehen. Anders kann man es kaum nennen. Hinter dem Dorf, so lautet die Adresse. Hinter dem Dorf 50 stand vor wenigen Jahren noch der Hof der Familie Oehrle mit Haus, Stallungen und Scheune. 2018 wurde hier die Familienherberge Lebensweg eröffnet. Schuldenfrei. Weil eine Kinderkrankenschwester eine Vision hatte und das Gefühl: *Jetzt bin ich dran! Entweder hopp oder top!*

Das Konzept steckt im Namen: Die Familienherberge Lebensweg beherbergt Familien. Ganz besondere Familien. Es geht um die, die zu Hause ein schwer krankes, chronisch erkranktes, behindertes Kind pflegen. Diese Familien dürfen mit ihrem Kind im Alter zwischen 0 und 18 Jahren hier zu Gast sein und sich erholen. Das ist für sie somit fast die einzige Möglichkeit, sich von ihrem stressigen Arbeits- und Pflegealltag zu erholen. Für die Gastkinder im Pflegebereich stehen neun Plätze zur Verfügung; im „kleinen Hotelbereich", wie Karin es gerne nennt, sind insgesamt zehn Zweibett- und Familienzimmer eingerichtet. Über 60 Mitarbeiterinnen und Mitarbeiter sind in der Familienherberge Lebensweg angestellt, einige davon geringfügig. Es herrscht ein Dreischicht-Betrieb in der Pflege, zwei Schichten gibt es in der Hauswirtschaft – und das an sieben Tagen die Woche, 365 Tage im Jahr.

2

DAS DILEMMA

Am Rande der Erschöpfung

Karin Eckstein wächst als viertes von fünf Kindern der Familie Oehrle auf, verbringt in Illingen, Ortsteil Schützingen, zwischen Pforzheim und Heilbronn, eine glückliche Kindheit und Jugend. Sie wird Kinderkrankenschwester, heiratet mit Mitte zwanzig, bringt drei Kinder zur Welt. Da es sich mit dem Familienleben besser vereinbaren lässt, wechselt sie beruflich in die häusliche Pflege: Karin besucht Familien mit schwer kranken, pflegebedürftigen Kindern. Sie kümmert sich liebevoll um ihre kleinen Patientinnen und Patienten, verrichtet ihre Arbeit mit Freude, Herzblut und großem Engagement. Dabei lernt sie die Familien und deren Alltag sehr genau kennen. Unabhängig vom Alter und der Erkrankung der Kinder beobachtet sie: Nahezu alle Eltern in dieser Situation leben am Rande der Erschöpfung – über Jahre! Der innige Wunsch: einfach mal rauskommen, einfach mal abschalten, einfach mal durchatmen! Doch wie soll das gehen? Ein Familienurlaub mit einem schwerbehinderten Kind, das oft rund um die Uhr Betreuung benötigt, ist keine Erholung. Es geht um so viel mehr als ein behindertengerechtes Hotel mit barrierefreiem Zugang und geeigneter Toilette. Es ist die Pflege selbst, die die Zeit und die Kraft der Eltern beansprucht. Das Kind einfach in einer Einrichtung abgeben – für viele keine Lösung. Ein andauerndes Dilemma, während die Kräfte weiter schwinden. „Das kann nicht sein", denkt sich Karin. Doch was sollte sie tun? Als Kinderkrankenschwester?

Die Pflege bestimmt das gesamte Leben

Als Karin in die häusliche Pflege wechselt, hat sie keinen Schimmer, was sie erwarten würde. Ganz unbedarft tritt sie ihre Stelle an. Eines der ersten Kinder, die Karin regelmäßig zu Hause besucht und pflegt, ist Nina. „Ich konnte es erst gar nicht glauben", erinnert sich Karin. „Das Leben der Familie hat sich quasi im Zimmer des Kindes abgespielt. Dort am Tisch wurde gegessen, da haben die Geschwisterkinder Hausaufgaben gemacht, alle Gespräche haben dort stattgefunden. Das Kind konnte praktisch nicht allein gelassen werden und die Mutter wollte das auch nicht. Zusätzlich hatte das Zimmer einen Ausgang auf die Terrasse, da ist jeder ständig rein und raus. Das gesamte Familienleben hat sich einzig und allein nach der Pflege des Kindes gerichtet."

Eines Tages fragt Ninas Mutter Karin und ihre Kollegin, ob sie auch Nachtdienst machen könnten. Sie würde gern einmal wieder eine Nacht durchschlafen. „Da hab ich mir zum ersten Mal gedacht: Das ist ja echt brutal! Die können nicht einfach mal ausschlafen, eine Nacht durchschlafen oder auch mal weggehen", sagt Karin nachdenklich. Als die Mutter dann noch von ihrem Mann verlassen wird, weil er die Situation nicht mehr ausgehalten hat, wird Karin „richtig stinkig" mit ihm, wie sie selber sagt. „Vielleicht wäre ich heute etwas barmherziger, aber damals war mein Gedanke nur: Der haut einfach ab und macht sich einen schönen Lenz! Lässt die Frau mit ihren Kindern sitzen und eines davon ist auch noch schwer krank! Tiefer wollte ich mich in die Problematik gar nicht hineinbegeben." Für Karin war Ninas Mutter die Heldin, die sich voll in die Pflege gestürzt hat. Was hätte sie auch anderes tun sollen? Karin weiß: „In vielen Fällen spielen auch Schuldgefühle eine Rolle. Wenn ein Kind verunglückt ist, ob im Straßenverkehr, auf dem Spielplatz oder im Badeurlaub, machen sich die Eltern oft schwere Vorwürfe. Aber du kannst dein Kind ja auch nicht anbinden!" In praktisch allen Fällen gilt: Für die Betroffenen ist die Situation unvorstellbar belastend.

Als Laie stellt man sich vielleicht vor, ein Wachkoma-Patient liegt einfach nur ruhig da und regt sich nicht, aber so ist es nicht. „Nina hat auch viel mitgekriegt", klärt Karin auf. Wenn beispielsweise eine neue Pflegekraft kam – so war es auch bei Karin selbst –, hat sie erst einmal alles an Widerstand geboten, hat sich mit ihren Mitteln bis zum Äußersten gewehrt. „Wir dachten, jetzt hyperventiliert sie und es ist aus. Als ich das erste Mal da war, hab ich gesagt, nee, da geh ich nicht mehr hin. Die Verantwortung kann ich nicht tragen!" Als Nina merkt, dass die Mutter nicht locker lässt und dass die fremde Krankenschwester sie ja versorgen will, wird es langsam besser. Die Mutter spricht auch klar mit Nina, erklärt ihr: „Du, ich brauch die Karin und die andere Schwester auch!" Je öfter die Pflegerinnen da sind, desto entspannter wird die Pflege. „Es ist schon interessant, was die Kinder alles wahrnehmen und wie sie auf die Pflegekräfte reagieren", resümiert Karin.

Rund um die Uhr muss Ninas Zustand kontrolliert werden, Tag und Nacht. Ständig ist sie verschleimt und muss abgesaugt werden, oft hyperventiliert sie tatsächlich, regt sich auf, wenn sie zu viel Schleim hat. Trotz der Entlastung durch die Pflegerinnen gelingt es der Mutter kaum, auch einmal abzuschalten, nicht einmal für wenige Stunden.

Noch nicht mal zum Friseur!

In anderen Familien mit pflegebedürftigen Kindern ist es kaum anders. Karin erlebt auch hier, unter welcher Dauerbelastung sich die Eltern befinden. In der Nähe von Würzburg betreut sie einen Jungen, zu dessen Mutter Karin sagt: „Mensch, geh doch mal raus, tu dir doch mal was Gutes! Lass dich mal massieren, komm, ich schenk dir einen Gutschein!" „Nee, brauchst nicht", ist die Antwort. „Lohnt sich nicht. Ich geh da nicht hin! Jede Zeit, die ich nicht bei meinem Kind verbringe, ist verlorene Zeit! Und ich weiß nicht, wie viel Zeit wir noch miteinander haben." Karin ist erschüttert. „Ja, du kannst jetzt aber nicht deshalb ständig hier bei deinem Kind …" „Doch!", entfährt es der Mutter. „Ich kann nicht beim Friseur sitzen, während ich nicht weiß, wie es meinem Kind geht. Ich weiß ja noch nicht einmal, ob es noch lebt, wenn ich zurückkomme."

Kann man sich das vorstellen? Was sind das für Gedanken, die sich Eltern machen, ja, wohl machen müssen! „Ich krieg heute noch Gänsehaut, wenn ich daran denke", erzählt Karin. „Ich kann mein Kind nicht allein lassen, weil ich nicht weiß, ob es gleich noch lebt!" Natürlich ist ein Friseurbesuch aus der Sicht der Mutter etwas total Oberflächliches. Doch was ist mit der Achtsamkeit für sich selbst? Jedes Mal, wenn Karin selber beim Friseur ist, denkt sie darüber nach. Sie kann sich fast nicht über ihre eigene Freiheit freuen, weil sie so viele Menschen erlebt, die so gebunden sind. Alltagskleinigkeiten wie ein Friseurbesuch bekommen da plötzlich einen ganz anderen Stellenwert.

Bei einer anderen Familie bekommt Karin wieder den Zwist zwischen den Ehepartnern mit. Der Mann ist sehr fordernd, die Frau steht extrem unter Druck, will allen gerecht werden. Dann wieder gibt es Familien, in denen der Mann versucht, seiner Frau alles abzunehmen, weil er sieht, wie belastet sie ist. Dadurch aber gerät er beruflich in Schwierigkeiten. Ein anderer Vater erzählt Karin: „Wenn ich nicht so einen wohlwollenden Chef hätte, hätte ich schon lang meinen Arbeitsplatz verloren." Ständig also erlebt Karin Situationen, in denen die Familien in hohem Maße abhängig sind vom Wohlwollen anderer Menschen, entweder von den Pflegekräften oder vom Chef. Schon allein das ist ein immenser Druck! Immer wieder kommt Karin an den Punkt, dass sie sich nicht mehr traut, von sich zu erzählen. „Will man fröhlich berichten, wir haben am Sonntag einen Ausflug mit der Familie gemacht? Wenn man genau weiß, das ist das, was diese Familien nicht machen können?"

Die müssen um alles kämpfen!

Es sind extrem belastende Situationen, die Karin erlebt. Dennoch liebt sie ihren Beruf. Sie hilft von Herzen gern, pflegt die Kinder mit Liebe und Leidenschaft. Es macht ihr Freude, mit den Kindern zu arbeiten und den Eltern zur

Seite stehen zu können. „Das braucht es auch in diesem Beruf, sonst bist du fehl am Platz." Doch natürlich bewegt das Schicksal der Familien Karin sehr. Sie erlebt ihre Erschöpfung hautnah mit. Dazu kommen immer wieder die Kämpfe mit den Ämtern. Eine Mama erzählt Karin, dass sie endlich einen Elektrorollstuhl für das Kind genehmigt bekommen hat, weil sie nicht mehr den Berg hochgekommen ist mit ihm. Sie musste – wie bei Nina – immer das Beatmungs- und das Absauggerät dabei haben und ihr Sohn war größer und schwerer geworden. „Was hat sich die Mutter alles anhören müssen von der Krankenkasse! Es war ein ewiger Kampf, den Rolli zu kriegen", sagt Karin. „Ich hab mir in meiner Naivität gedacht, also das ist doch klar, dass die einen Rollstuhl braucht! Das muss doch auch der Krankenkasse klar sein! Aber das ist nicht klar! Es ist gar nichts klar! Die müssen um alles kämpfen!"

Über Jahre hinweg erlebt Karin solche Geschichten. Immer deutlicher und immer lauter formuliert sich in ihr die Frage: Wie kann diesen Familien wenigstens ein Stück weit geholfen werden?

3

VON DER IDEE ZUR TAT

Ein handgeschriebener Zettel

Karin stellt sich drei Fragen: Was suchen die Familien, was brauchen sie und was gibt es schon? Sie schnappt sich einen Zettel und schreibt: Sie bräuchten Zeit, sie bräuchten Raum und vor allem eine 24-Stunden-Versorgung für ihr Kind. Und, ganz wichtig: alles unter einem Dach. Karin weiß von vielen Eltern, dass sie ihr pflegebedürftiges Kind nicht einfach in einer Einrichtung abgeben können, um dann Urlaub zu machen. Da sind die oft sehr speziellen Bedürfnisse der Kinder, da bräuchte es eine lange Übergabe- und Einarbeitungszeit. Nach dem Urlaub könnte das Kind ihnen nicht sagen, wie es ihm ergangen ist, trotz der meist sehr engen Verbindung zwischen den Eltern und ihren Kindern. Ständig also die Frage und Sorge: Geht es dem Kind gut?

Vor Karins innerem Auge entsteht eine Vision: Einfach mal reinschauen können und fragen, ob alles okay ist, „wir würden dann mal eine Stunde spazieren gehen" – das wär's! Und genau das geht nur, wenn das Kind im selben Haus untergebracht ist, aber eben rundum vom Pflegepersonal versorgt wird.

Als sich Karin etwa 2010 auf die Suche nach Erholungsmöglichkeiten für die betroffenen Familien macht, gibt es in ganz Deutschland keine einzige Einrichtung, die all diese Bedürfnisse abdeckt. Nicht eine! Dabei sind in Deutschland rund 190.000 Familien betroffen. Die meisten haben sich fast schon damit abgefunden, dass es für sie praktisch keine Erholungsmöglichkeiten wie für andere Familien gibt. Karin ist empört: „Jetzt sind diese Familien schon so belastet und benachteiligt und haben nicht einmal die Möglichkeit, einfach mal Zeit für sich zu haben! Zeit als Partner, Zeit für das Geschwisterkind, Zeit, einfach mal nichts zu tun und nicht immer auf die Uhr zu schauen, weil es irgendwo piept, weil Medikamente gegeben werden müssen. So etwas Niederschwelliges, Einfaches, fast schon Banales: jemandem Zeit und Raum zu schenken! Und so etwas gibt es für diese Familien nicht, und das bei uns in Deutschland, in diesem reichen Land!" Das macht Karin wütend. Doch ihre Empörung, gepaart mit der Liebe zu ihrer Arbeit und den Familien, denen sie hilft, setzt in ihr auch Kräfte frei.

„Ungerechtigkeit konnte ich noch nie ab, schon als Kind nicht", erinnert sich Karin. „Wenn ich mich ungerecht behandelt fühlte, konnte ich ziemlich emotional werden. Das geht mir auch bei anderen Menschen so. Wenn ich sehe, dass jemand nicht die gleichen Chancen hat wie andere, dann will ich etwas tun. Und weil die Familien keine Kraft und Zeit hatten, habe ich mich eben mal erkundigt, ob es nicht irgendwo Erholungsmöglichkeiten für sie gibt." Doch sie findet nichts. Kein Hotel, keine Einrichtung, kein Angebot, das den tatsächlichen Bedürfnissen der erschöpften Eltern entsprechen würde.

Hey Leute, ich hab da eine Idee …

Dezember 2010. Die Großfamilie Oehrle verbringt gemeinsame Tage bei Karins Schwester Margret, die in Österreich lebt. Sie nutzen den Anlass, um einen Familienrat abzuhalten. Karin bringt sich ein: „Hey Leute, ich hab da eine Idee …" Sie erzählt von ihrer Arbeit, berichtet von den Familien und ihrer Notlage. Von ihrem immer größer werdenden Bedürfnis, ihnen irgendwie zu helfen. Bei ihren Geschwistern trifft sie auf offene Ohren, es gibt keine Denkverbote. Erstmals kommt der Gedanke auf: Könnte man selber aktiv werden? Könnte man nicht daheim in Schützingen etwas tun? In diesem Moment ahnt noch niemand, dass durch das Aussprechen von Karins Idee bereits ein Grundstein gelegt wird, aus dem noch Großes entstehen würde.

Zunächst wird im engsten Familien- und Freundeskreis hin und her überlegt. Karins Eltern sind damals bereits über 70, aber noch fit und betreiben den Hof alleine. Die Überlegungen arbeiten in ihnen. Bis Karins Vater Gerhard Oehrle es eines Tages ausspricht: „Wenn ihr wirklich hier was machen wollt, dann wäre es doch schön, wir könnten noch sehen, was aus unserem Hof wird. Meinen Segen habt ihr!"

Steck deinen Zettel ein und fahr wieder heim!

Karins Geschwister reagieren aufgeschlossen: Walter und Jürgen, die älteren Brüder, Schwester Margret und der jüngere Bruder Markus. Die einen haben direkt Ideen und wollen sich einbringen, die anderen finden die Idee gut, können sich aber kein größeres eigenes Engagement vorstellen. Aber gedanklich sind sie alle dabei, keiner hat etwas dagegen, weiterzudenken. Beinahe unmerklich tut sich eine Tür auf: „Okay, wir wissen jetzt, wenn wir was tun wollten, wo wir es tun könnten. Das hat uns Auftrieb gegeben", erinnert sich Karin, „und es war ein großer Auslöser: Eigentlich hätten wir Lust darauf!"

Anfang 2011 hört Karin im Radio eine Werbung für die NewCome-Messe in Stuttgart. Das klingt interessant, also fährt sie mit ihrem Mann Bernd spontan hin. In ihrer Tasche ein handgeschriebener DIN-A4-Zettel: „Zeit, Raum, 24-Stunden-Versorgung für das Kind – und alles unter einem Dach!" Auf der Messe kommen Karin und Bernd mit Florian Matt ins Gespräch, damals ein sogenannter Wirtschaftsjunior. „Ich wollte einfach mal hören, was so einer, der aus der Zahlenecke kommt, zu so einer Idee sagt", berichtet Karin. „Eigentlich wollte ich nur hören: *‚Vergiss es! Steck deinen Zettel ein und fahr wieder heim!'*" Stattdessen heißt es: „Interessant! Wir melden uns!" Karin vermutet in den Worten eine leere Versprechung. „Da dachte ich erst, ja gut, das war's! Und dann hat sich der tatsächlich drei Tage später gemeldet und wollte mehr wissen!"

Ein Netzwerk entsteht

Die Idee, die anfangs nur im engsten Familien- und Freundeskreis besprochen wurde, kommt ins Rollen. Wirtschaftsjunior Florian Matt ermutigt Karin, ihre Vorstellungen ausführlicher zu beschreiben, und vermittelt den Kontakt zu einer Unternehmensberaterin. Diese fragt Karin gründlich aus. Die erste Konzeption entsteht, eine Art Exposé wird in Angriff genommen. Es wird konkreter: Was braucht es wirklich, wenn aus der Idee einmal ein Betrieb entstehen soll? Ein Steuerberater wird hinzugezogen. Welche Betriebsformen wären möglich? Auf einmal werden aus der ersten Idee konkretere Ansätze. Doch juristische Details und betriebswirtschaftliche Überlegungen sind nicht Karins Welt, machen ihr keinen Spaß. Hier stehen ihr Menschen zur Seite, die sie zu den anstehenden Terminen und Gesprächen begleiten, etwa Karins Brüder Jürgen und Walter, die sich in allen Belangen einbringen, die den Hof und die Familie betreffen. In dieser Zeit spricht Karin auch Martin Mörmann aus ihrem Wohnort Stetten am Heuchelberg an. Er ist bei der Caritas beschäftigt und Karin weiß, dass er sich mit sozialen Einrichtungen gut auskennt, viele Kontakte hat, Erfahrung und Wissen mitbringt. „Als ich ihm von unserer Idee erzählt hab, hat es bei ihm eingeschlagen wie der Blitz“, sagt Karin überzeugt. Ab diesem Zeitpunkt ist Martin Mörmann bei den meisten Gesprächen dabei. Viele Jahre ist er nun ehrenamtlicher Mit-Geschäftsführer der Familienherberge. Karin ist ermutigt durch die größer werdende Schar von Mitstreiterinnen und Mitstreitern.

Martin Mörmann schmunzelt. „An den Blitz kann ich mich nicht erinnern“, sagt er. „Wenn ein Blitz eingeschlagen hätte – das hätte ich bis heute nicht vergessen. Ich bin eher realistisch und zurückhaltend, allerdings auch Optimist. Ich sag grundsätzlich nie schnell nein. Ich habe also nicht gesagt, Mensch, Karin, das ist total verrückt, sondern, ja, das ist eine gute Idee, das ist vorstellbar, aber das muss man sehr genau prüfen.“ Da, wo es Karin zu viel wird, springt

Martin Mörmann mit seiner Expertise ein, denn es gibt viele Dinge zu beachten, viele Fragen, die sich stellen. So ein Projekt, wie es Karin vorschwebt, braucht Strukturen, eine Gesellschaftsform, eine Finanzierung. Welche Kostenträger kommen infrage? An welche Stellen der öffentlichen Hand, also Land, Landkreis, Kassen, kann man sich wenden? Martin Mörmann weiß aus Erfahrung, dass man einerseits im sozialen Bereich durchaus einiges entwickeln kann. Andererseits ist ihm klar, dass Verhandlungen mit Kostenträgern knallhart sein können. „Die Idee finden alle toll", sagt er. „Kinder mit Behinderung oder lebensverkürzenden Erkrankungen betreuen, Eltern eine Auszeit geben – super Sache, das braucht man! Aber wenn es dann um die Finanzierung geht, kommen die harten Bandagen. Da interessiert das Kind relativ wenig, da geht es um Fakten und Zahlen, da geht es um Geld."

Martin Mörmann begleitet Karin zu vielen Gesprächen mit unterschiedlichen Einrichtungen, etwa mit dem in Deutschland recht bekannten Kinder- und Jugendhospiz Balthasar in Olpe. Dort wird die Arbeit über die Pflegeversicherung finanziert, konkret die Kurzzeitpflege. Doch der Pflegesatz ist relativ gering, es werden zusätzlich viele Spenden benötigt. Auch ist das Haus Balthasar in eine Ordensträgerschaft eingegliedert, eine Organisationsform, von der Martin Mörmann Karin abrät. „Wir wollten in keine Wohlfahrtsorganisation eintreten, das war von Anfang an klar", erklärt er. „Wir wollten nicht, dass die Caritas, die Diakonie oder die AWO unser Träger wird." Martin Mörmann kommt selber aus der Caritas-Landschaft, war von 1995 bis 2021 in der Geschäftsführung eines Caritas-Verbandes mit vielfältigen Aufgabengebieten. Dort erlebt er viel Gutes und kann vieles umsetzen. Seine Einschätzung ist jedoch, dass sich die Familienherberge in Sachen Spenden keinen Gefallen tut, würde sie sich einer kirchlichen Organisation anschließen. Kirchenaustritte, weniger Steuereinnahmen, weniger Spendenbereitschaft für kirchliche Organisationen – all das sind Gründe dafür, das Projekt Familienherberge eigenständig und unabhängig voranzutreiben. „Außerdem wollten wir alle Konfessionen ansprechen", ergänzt Karin. „Jesus war ja auch nicht evangelisch oder katholisch." Martin Mörmann fasst es so zusammen: „Karins privates Engagement, eine Krankenschwester, die etwas für die Familien tun möchte – das war von Anfang an für alle, die davon erfahren haben, bewegend und ein Türöffner." Das wird die Geldbeutel eher öffnen, da ist sich Martin Mörmann sicher. Und so ist es dann auch.

In der Tat bieten etliche Beteiligte in den ersten Monaten ihre Arbeit kostenlos an. Steuerberater, Anwalt und Notar unterstützen Karin unentgeltlich, stellen keine Rechnungen für ihre Dienste. „Die waren von der Idee so fasziniert, dass sie gesagt haben: Das wollen wir – zumindest bis zur Gründung – ehrenamtlich begleiten", so Karin. Für andere Dinge gibt es auch schon Fördergelder, um die sich Karins größer werdendes Netzwerk kümmert. Für weitere Kosten, die anfallen, richtet Karins Vater Gerhard, der sein Geld in der Forst- und Landwirtschaft allerdings auch nicht leicht verdient hat, ein Konto ein. „Das war für uns ein großer Rückenwind", berichtet Karin gerührt. „Nicht nur finanziell, auch emotional!"

Monate ziehen ins Land. Hauptberuflich arbeitet Karin nach wie vor in der häuslichen Pflege. Die Ideen rund um eine eigene Familienherberge nehmen jedoch immer größer werdenden Raum ein. Unterstützt von ihrem Mann Bernd und ihren Brüdern absolviert sie unzählige Termine und Gespräche. Martin Mörmann wird ihr wichtigster Begleiter und Berater. Mitte 2012 ist das erste größere Exposé fertig. Es beinhaltet die Idee, das Projekt im Rahmen der Kinderhospizarbeit zu realisieren. Doch nach vielen Gesprächen wird Karin immer klarer, dass das nicht ihr Weg sein würde. Es geht ihr nicht darum, eine Hospizarbeit aufzubauen, auch keine Einrichtung, die verwaiste Eltern oder verwaiste Kinder begleitet. Ihre Vision ist ganz klar eine Erholungseinrichtung für Familien mit pflegebedürftigen Kindern. Letztendlich ist das Exposé nur ein weiterer Schritt auf dem Weg, aber nicht die Vorlage für Karins Projekt.

Machen wir's trotzdem?

Natürlich liegen nun auch Hochrechnungen, Zahlen, Kalkulationen auf dem Tisch. Kein Grund zum Jubeln. Ein laufender Betrieb würde für ein Haus, wie Karin es sich vorstellt, eine sehr teure Angelegenheit. Wer soll das bezahlen? Wie soll sich das finanzieren? Von einem möglichen Neubau noch ganz zu schweigen! Die Fragen stehen im Raum: Treiben wir das Projekt weiter voran? Machen wir's trotzdem? Im Nachhinein wundert sich Karin, dass sie die Zahlen damals nicht groß irritiert haben. „Wir waren immer davon überzeugt, dass es funktionieren kann." Mit ihrem Vorhaben stoßen sie und ihre Mitstreiterinnen und Mitstreiter immer wieder auf offene Ohren. Überall kommt der Plan gut an. „Wir waren gewissermaßen auf einem Höhenflug, ohne naiv zu werden, denn wir kannten ja die Zahlen. Wir haben uns gepusht und getragen gefühlt. Irgendwann war mir dann klar: Jetzt bin ich dran! Entweder hopp oder top!" Für Karin wird immer klarer: „Es gibt keine Ausreden mehr! Ich kenne den Bedarf, ich weiß, was ich tun kann!" Ziemlich früh wird auch der Architekt Andreas Kiefner mit an Bord geholt. „Ich glaube, wir sind gar nicht mehr ernsthaft davon ausgegangen, dass es nicht stattfinden könnte", sagt Karin zurückblickend.

Andreas Kiefner kennt Karin vom Kirchengemeinderat ihres Wohnorts Stetten am Heuchelberg. Dort hatten sie mit ihm ein Gemeindehaus gebaut und die Zusammenarbeit hat sehr gut funktioniert. Karin mag die bodenständige, aufmerksame Art des Architekten. Auch sein Baustil gefällt ihr. Sie weiß, dass er schon häufig Altbauten umgebaut hat, und damals stand noch die Idee im Raum, den Bauernhof der Oehrles umzubauen und nicht abzureißen. Das Projektteam geht anfangs von vier Zimmern aus, später von sechs Zimmern plus Aufenthaltsraum und Speisesaal. Daraus entwickelt sich dann der Rest. Was Karin natürlich auch ganz wichtig ist: Architekt Kiefner ist bei dem Gemeindehaus-Projekt nicht über den Kostenrahmen hinausgeschossen, wie sie es von anderen Bauprojekten mit anderen Architekten oft schon mitbekommen hat.

Das Team der ersten Stunde

2012 gründen Karin und ihre Geschwister sowie Angelika Miko, eine befreundete Kinderkrankenschwester, eine gemeinnützige GmbH. Ihr Startkapital sind der Grund und

Boden der Oehrle-Eltern sowie 25.000 Euro Einlagen. Karin wird als Geschäftsführerin angestellt, zunächst auf Minijob-Basis. Ihr Bruder Walter unterstützt sie ehrenamtlich. Martin Mörmann ist zunächst Beirat der GmbH, 2016 übernimmt er von Walter Oehrle den Posten des ehrenamtlichen Geschäftsführers. Dabei geht es um mehr als freundschaftlichen Rat und gelegentliche Erreichbarkeit, wenn Fragen auftauchen. Denn auch als ehrenamtlicher Geschäftsführer ist man im Handelsregister eingetragen, haftet finanziell, trägt Verantwortung. Darüber hinaus ist Martin Mörmann Gründungs- und Vorstandsmitglied des Fördervereins, der zeitgleich zur GmbH ins Leben gerufen wird und das Projekt nach außen vertreten soll. Der Förderverein wächst stetig, hat heute deutschlandweit über 1.000 Mitglieder. Die Mitgliedsbeiträge sind zwar klein, aber jede Einnahme hilft.

Auch für Martin Mörmann ist anfangs nicht absehbar, wie viel Zeit und Kraft er für das Projekt Familienherberge investieren würde. Doch mit dem für ihn charakteristischen pragmatischen Optimismus sagt er Karin seine Hilfe zu. „Man kannte sich, ich wollte einfach helfen“, berichtet er. Und da war auch der Reiz, etwas Neues zu entwickeln, dabei seine Erfahrung einbringen zu können, und auch die bewusste Entscheidung, sich ehrenamtlich für eine gute Sache zu engagieren. Ein Glücksfall für Karin und ihre Vision.

Bald sind die ersten Mitarbeiterinnen angestellt: Karin Balster als Assistentin der Geschäftsführung, später übernimmt Veronika Househam diese Position. Denn einerseits hat Karin gar keine Zeit, um all die bereits anstehenden Aufgaben alleine zu bewältigen, andererseits hat sie auch noch nie einen Betrieb geleitet und benötigt dabei Hilfe. Unterstützt von ihren Assistentinnen und Martin Mörmann, wächst sie langsam in ihre neue Rolle und Aufgabe hinein. Stefanie Köppl-Rau erhält eine 450-Euro-Stelle für die Spendenverwaltung in der GmbH. Sie ist bis dahin Schatzmeisterin im Förderverein der Familienherberge gewesen. Auch eine Pflegekraft holt Karin bereits früh mit an Bord, Ute Kohler, wie Karin Kinderkrankenschwester. Sie wird später die erste Pflegedienstleiterin in der Familienherberge. Gemeinsam mit Ute überlegt und plant Karin, was man für den Pflegebereich alles braucht. Als Hauswirtschafterin wird außerdem Ellen Riexinger angestellt. Auch auf diesem Gebiet muss langfristig geplant werden. Küchenausstattung, Reinigung, Betten, Bettwäsche, Handtücher, Strukturen und Abläufe – um all das kümmert sich Ellen Riexinger penibel. Finanziert werden die Stellen (mit Ausnahme der Anstellung von Karin Balster – dazu später mehr) über die ersten Spenden, die die GmbH einnimmt. Ein unsicheres Vorhaben …

Mit ihren ersten Mitarbeiterinnen sowie Architekt Andreas Kiefner besucht Karin das Kinderhospiz in Bad Grönenbach im Allgäu. Die ganze Struktur – die Pflegezimmer, der Speisesaal, die Aufenthaltsräume – kommt Karins Vorstellungen von ihrer Familienherberge sehr nah. Die Gäste erhalten eine Hausführung und viel Inspiration, machen Fotos. Wieder zu Hause, überarbeitet Andreas Kiefner seine ersten Entwürfe, wie so ein Haus aussehen könnte, wenn man es bauen würde. Über das Stadium „ein handgeschriebener Zettel“ sind Karin und ihre Mitstreiterinnen und Mitstreiter nun weit hinaus. „Irgendwann hat die Zeitung Wind davon bekommen, dass hier etwas im Busch ist, und hat mich positiv geplagt, ob ich nicht ein Statement dazu abgeben wollte, aber so weit war ich damals noch nicht", sagt Karin. „An die Öffentlichkeit wollte ich noch nicht gehen. Es hat mir aber gezeigt, dass da draußen schon viele Menschen Feuer gefangen hatten."

Ein Dickkopf mit Gottvertrauen

„Jetzt bin ich dran! Hopp oder top!" Woher nimmt Karin diese Entschlossenheit? Woher die Energie und Zuversicht, solch ein Mammutprojekt voranzutreiben? Zwei Seiten kämpfen in ihr. Einerseits: Während dieser ganzen Planungsphase kommt ihr immer wieder ein Bibelvers in den Sinn: „Verlass dich auf den Herrn von ganzem Herzen und verlass dich nicht auf deinen Verstand" (Sprüche 3, Vers 5). Andererseits sieht sie die Zahlen und hört die vielen skeptischen, warnenden Stimmen, die es eben auch gibt. „Es war ja nicht so, dass jeder gesagt hat: super, toll!" Dann wiederum wird Karin in einem Seminar sehr bestärkt, das sie in dieser Zeit besucht. Es geht um Rückenwind, Aufwind, Hinfallen, Aufstehen. Karin wird nachdenklich: „Viele Dinge haben da reingespielt. Ich weiß nicht genau, wie ich es beschreiben soll. War es Druck oder vielmehr ein Sog, eine Vision, eine Berufung? Vor allem hab ich gemerkt: Ich hab Freude dafür im Herzen. Irgendwann war klar: Ich mach's jetzt! Ich mach's jetzt, es ist dran, es kommt immer wieder zu mir zurück." Trotz Gegenwinds spürt Karin immer wieder Ermutigung, Hoffnung, Zuversicht. „Mir war eigentlich schon klar, dass diese Vision nicht einfach nur aus mir geboren ist, sondern dass sie auch von Gott gewollt sein könnte, um es mal vorsichtig auszudrücken. Es ist zwar kein Zettel vom Himmel gefallen mit klaren Anweisungen, aber ich hatte Vertrauen." Ähnlich geht es Karins Geschwistern. Sie alle leben in diesem Vertrauen auf Gott. Sie sind sich in diesem Punkt einig: Wenn der Segen von Gott nicht dazugegeben wird, dann wird das Ganze auch nicht funktionieren. „Ich hab mir gedacht: *Na ja, gut, wenn es nicht sein soll, muss Gott mich halt wieder ausbremsen*", meint Karin dazu. „Und das hat er bis heute nicht gemacht."

Ist es die Formel „Eigenverantwortung + aktives Handeln + Gottes Segen"? In Karins Fall sieht es ganz danach aus. Es wirkt nicht frömmlerisch-seltsam oder weltverbesserisch-naiv, wenn Karin von ihrer Motivation erzählt. Hier spricht und handelt eine Frau aus tiefster Überzeugung, und ihr Lebenswerk, die Familienherberge Lebensweg, wie sie später heißen wird, spricht für sich.

„Nur beten und dann klappt's – so ist es nicht! Es gehört immer Eigenverantwortung dazu, es gehört immer der eigene Kopf dazu, den man einsetzen darf. Zum Denken haben wir ihn schließlich gekriegt!" Karin wirkt ruhig und klar, wenn sie berichtet, aber auch emotional und engagiert. Dabei ist sie extrem bodenständig und pragmatisch. Auch wenn sie Einblicke in ihr ganz persönliches Glaubensleben gibt, etwa wenn sie von einer engen Verbindung spricht, die sie im Gebet empfindet. „Sag du mir bitte, wenn es nicht mehr weitergeht", spricht sie Gott ganz persönlich an. „Davon gehe ich heute noch aus, dass Gott ein Stoppschild aufstellt, wenn ich zu weit gehen würde. Da vertraue ich auf ihn. Das Stoppschild kam bis heute nicht."

Woher kommt dieses Gottvertrauen? Wieder gehen die Gedanken zurück in Karins Kindheit. Der Glaube an Gott wird den Oehrle-Geschwistern als etwas ganz Natürliches mit auf den Weg gegeben. Die Eltern drängen sie zu nichts und dennoch prägt der christliche Haushalt Karin und ihre Geschwister. Als Kind und Jugendliche ist Karin bei der Liebenzeller Gemeinschaft, ein Verband innerhalb der Evangelischen Kirche. Dort fühlt sie sich lange Zeit wohl, es macht ihr Spaß, die Atmosphäre ist gut. Sie hat kein großes Bekehrungserlebnis, sondern fühlt sich einfach ganz natürlich als gläubiger Mensch, als Christin.

Dann entdeckt Karin das Fortgehen für sich, geht gerne tanzen. Plötzlich entsteht ein Konflikt. Immer wieder steht sie vor der Entscheidung: Entweder du gehst in die Jungschar oder du gehst am Wochenende fort. Von der Schwesternschaft aus wird ihr signalisiert: *Das passt nicht!* Und da wird es Karin zu eng. Sie fühlt sich eingeschränkt. „Da hab ich mich lieber für die Freizeit entschieden, weil mir das in der Zeit wichtig war. Ich war einfach gern bei Tanzveranstaltungen unterwegs, das war total meins. Um das schlechte Gewissen loszuwerden, bin ich dann nicht mehr in die Jungschar gegangen", berichtet Karin und lacht.

Eines Tages steht sogar eine Ordensschwester vor Karins Tür und will sie zur Jungschar abholen, weil sie von selber nicht mehr gekommen ist. *Du darfst nicht tanzen gehen!* – diese Enge, das geht für Karin gar nicht! „Dieser Druck war ganz furchtbar für mich, und ehrlich gesagt hat er auch überhaupt nicht zu meinem Gottesbild gepasst, das ich hatte. Für mich hatte der Glaube immer etwas Befreiendes und Ermutigendes." Die Oehrle-Eltern, Vater Gerhard und Mutter Marianne, haben das auf ihre Art und Weise vorgelebt. Einige Rituale sind ihnen wichtig. Sie beten vor dem Essen und sonntags wird nie gearbeitet, egal, was ansteht am Hof. Doch Karin und ihre Geschwister werden auch zu nichts gezwungen. Es gilt das Prinzip Loslassen und Begleiten, schon immer. Karins Vater schenkt ihr Vertrauen und ermutigt sie. Sie erinnert sich genau an seine Worte: „Mach! Du weißt erst, ob es funktioniert, wenn du es gemacht hast." Gerhard Oehrle traut seinen Kindern viel zu, auch draußen auf dem Feld. „Hock dich auf den Schlepper, fahr raus, mach!" Dafür ist Karin ihrem Vater bis heute dankbar. Und offensichtlich hat diese Beziehung auch ihr Gottesbild geprägt: „Fahr raus! Mach!" Dem gegenüber jedoch steht damals der unangenehme Druck aus der Liebenzeller Gemeinschaft: „Man darf dies nicht, man darf das nicht. Davon habe ich mich dann gelöst. Nicht nur, weil es bequemer war, sondern weil ich gespürt habe, das ist nicht die Art, wie Gott mit uns Menschen umgeht."

Mit 17 geht Karin nach Stuttgart, beginnt die Ausbildung zur Kinderkrankenschwester. Über einen Freund, den sie aus alten Jungschar-Zeiten kennt, kommt sie zu den Navigatoren, einer ursprünglich in den USA gegründeten christlichen Missionsgemeinschaft, die in Deutschland ihren Schwerpunkt auf die Studentenarbeit legt. Ein wichtiges Element ist hier die sogenannte Zweierschaft. Der Grundgedanke: Glaube entsteht und vertieft sich in verbindlichen Freundschaften. Karin zögert anfangs, will nicht wieder vereinnahmt werden. Doch dann kommt alles ganz anders.

Wider Erwarten gefällt es ihr bei den Navigatoren. Sie freundet sich mit der Gruppe an, die Gemeinschaft tut ihr gut. Es beeindruckt sie, wie selbstverständlich ihre neuen Freunde ihren Glauben leben, ihn in den Alltag integrieren. Auch das Prinzip der Zweierschaft findet Karin toll. Man ermutigt sich gegenseitig, korrigiert sich auch schon mal freundschaftlich, nicht von oben herab. So, wie man ist, ist man akzeptiert und angenommen. Es wird gemeinsam in der Bibel gelesen, darüber gesprochen, aber auf Augenhöhe, wie Karin betont, und mit echtem Interesse an der Sache und an den Menschen. „Da war auch kein Zwang, kein Druck, kein *‚Ich muss jeden Morgen meditieren, ich muss Bibel lesen, ich muss beten, ich muss, ich muss …‘*“.

In dieser Zeit, berichtet Karin, wächst in ihr ein ganz tiefes Vertrauen in Gott. Auch ein Vertrauen darauf, dass er Möglichkeiten hat, mit uns zu kommunizieren. „Das ist sicher bei jedem Menschen unterschiedlich“, sagt Karin. „Für mich kann ich glauben: Wenn ich eng mit Gott verbunden bin – auch das ist sicher sehr individuell –, dann spüre ich das. Ich persönlich muss nicht jeden Tag *‚Stille Zeit‘* machen, um dann Gottes Stimme zu hören. Für mich sind es mehr die vielen Gedanken, die ich hab, etwa beim Joggen. Da kommt dann wieder die eigene Verantwortung dazu und das eigene Handeln. Ich weiß nicht, wie ich es anders erklären soll, aber auf diesem Weg und auf diese Art und Weise fühle ich mich von Gott begleitet. Genauso spüre ich auch, wenn etwas nicht passt, ich mich unwohl fühle. Da vertraue ich dann genauso auf mein Bauchgefühl.“

Nennt man so etwas dann ein göttliches Bauchgefühl? Karin lacht – und bejaht spontan. „Ich glaube, das kann man so sagen. Für mich ist es so. Aber Gott ist so vielseitig und so bunt. Seine Möglichkeiten sind so groß, ich kann ihn da gar nicht einschränken, sondern nur erzählen, wie ich es erlebe."

Auf dem langen Weg zur Erfüllung ihres Traums von der Familienherberge, trotz aller Hürden und Stolpersteine verliert Karin nie dieses Gottvertrauen. Im Gegenteil. Es vertieft sich, sie hält sich an ihm fest. „Da kommen zwei Sachen zusammen", sagt sie. „Einmal mein Dickkopf. Gott hat sich schon etwas dabei gedacht, dass er ausgerechnet mir diese Aufgabe auferlegt hat." Karin lacht herzlich. „Und: Ich hab es ja nicht allein gemacht!" Viele haben sich anstecken lassen von Karins Euphorie, ihrem positiven Denken. All die Unterstützung von Fachleuten! Martin Mörmann von der Caritas, Andreas Kiefer, der Architekt. Für beide ist das Projekt von Anfang an ein Herzensanliegen. Karin erhält E-Mails und Anrufe von Menschen, die sich einbringen wollen. Dazu kommt Karins Gabe, immer nur einen Tag nach dem anderen zu sehen. „Dafür bin ich wirklich dankbar. Ich weiß, wo ich hin will und dass es viele Hürden gibt. Aber ich guck mir nicht alle Sorgen auf einmal an. Zumindest in diesem Fall war das sehr hilfreich."

Pläne im Kopf und auf dem Papier

Die Pläne werden konkreter und entwickeln sich. Nicht nur im Kopf, auch auf dem Papier. Mittlerweile sieht der Plan acht Zimmer für die Gastkinder vor, vier davon mit der Option, als Doppelzimmer belegt zu werden. Dazu kommt der Hotelbereich für Eltern und Geschwister, Speisesaal und Aufenthaltsraum sowie weitere Räume für alle:

ein Indoor-Raum, ein Kinderspielzimmer, ein Fernseh- und Medienraum, der von den Eltern auch als Homeoffice genutzt werden kann, ein großes Pflege- und Wellnessbadezimmer, eine Werkstatt, ein Spitzgiebel und – als Highlight – der multisensorische Raum. Dazu später mehr.

Da ist also die Idee, das Grundstück, ein Konzept mit einem – defizitären – Businessplan, die gemeinnützige GmbH als Rechtsform, die ersten Angestellten, der Förderverein. Fehlt noch eine Kleinigkeit: das Haus.

Nun geht es wirklich ans Klinkenputzen. Karin und ihr Team lassen eine Broschüre drucken, stellen sich bei Gewerken und Unternehmen vor, gehen zur Zeitung, führen noch mehr Gespräche. Offensichtlich ist Karins Idee eine Art Leuchtturmprojekt. Überall gehen Türen auf, kommen Zusagen.

„Wir hatten ein richtig tolles Team", ist auch Martin Mörmann vom Spirit der ersten Jahre begeistert. Viele gute Leute bringen sich im Förderverein ein und leisten großartige Arbeit. Förderanträge werden gestellt, „BILD hilft" und andere Organisationen werden kontaktiert, Stiftungen angeschrieben, Öffentlichkeitsarbeit betrieben. „Es war vielleicht auch die richtige Zeit", vermutet Martin Mörmann. „Die Geldbeutel waren offen", sagt er, „auch Unternehmen haben viel gegeben. Offensichtlich hatten wir den richtigen Zeitpunkt erwischt." Viele unterschiedliche Leute sind Teil des Ganzen, bringen ihre Kraft und Energie, Arbeit und Erfahrung ein. Und das ist auch nötig: 3,5 Millionen Euro werden für den Bau der Familienherberge letztendlich benötigt.

Prominente Botschafter

Karin geht endgültig in die Offensive. Da sehr viel Geld benötigt wird, viele Spenden, geht es nun darum, das Vorhaben so bekannt wie möglich zu machen. Die Idee kommt auf, prominente Botschafter an Bord zu holen, die als Multiplikatoren dienen könnten.

Jay Alexander
Star-Tenor

Jochen Alexander Pfitzenmeier wächst im Enzkreis auf, unweit von Illingen-Schützingen. Er spielt Waldhorn im Posaunenchor, erhält mit 16 Gesangsunterricht. Die Musikhochschule Karlsruhe schließt er als staatlich geprüfter Opernsänger und Gesangspädagoge ab. Kurz darauf startet er als Duo mit seinem Partner Marc Marshall durch. Er selbst nennt sich nun Jay Alexander. Sowohl im Duo Marshall & Alexander als auch solistisch legt Jay Alexander eine Riesenkarriere hin.

Dass er die Bodenhaftung nie verloren hat, zeigt sich auch darin, dass er am Projekt von Karin Eckstein Interesse zeigt, von dem er allein schon durch die geografische Nähe zu seiner Heimat und seinem Wohnort erfährt. Ein Freund vermittelt den Kontakt zu Karin, 2013 tritt er beim Sommerfest auf. So entwickelt sich ein guter Kontakt, Jay wird zum ersten offiziellen Botschafter der Familienherberge Lebensweg. Immer wieder ist er vor Ort, auch während der Bauzeit der Familienherberge. Er bringt das Projekt, wo immer sich eine Gelegenheit bietet, ins Gespräch, macht es dadurch bekannter und akquiriert neue (Groß-)Spender und Sponsoren. Er selbst unterstützt das Bauvorhaben immer wieder auch mit finanziellen Zuwendungen. Als er in einem Fernsehbeitrag die Familienherberge erwähnt, kommt ein Stein ins Rollen, der auf das Gesamtprojekt noch nachhaltige Auswirkungen haben wird …

Guido Buchwald
Fußballweltmeister 1990

Sonntag, 8. Juli 1990, Olympiastadion Rom. Im Finale der Fußballweltmeisterschaft stehen sich die Nationalmannschaften von Argentinien und Deutschland gegenüber. Im gesamten Spiel haben die Südamerikaner um Superstar Diego Maradona keine einzige Torchance. Das ist vor allem dem Mann zu verdanken, der Maradona über neunzig Minuten in Manndeckung nimmt: Guido Buchwald. Seinen Spitznamen „Diego" hatte sich der zweifache Meister mit dem VfB Stuttgart allerdings bereits im WM-Achtelfinale gegen die Niederlande verdient. Als robuster Verteidiger bekannt, bringen ihm der filigrane Übersteiger und die Traumflanke, die Jürgen Klinsmann zum 1:0 verwertet, die liebevolle Bezeichnung „Diego" ein. Andreas Brehmes Elfmetertor in der 85. Minute bringt die Entscheidung. Deutschland ist zum dritten Mal Weltmeister, Guido Buchwald auf ewig ein Fußballheld.

Rund 25 Jahre später ergibt sich eine Zufallsbegegnung zwischen Karin Eckstein und dem ehemaligen Starkicker. Wenn man denn an Zufälle glaubt. „Guido Buchwald ist uns eigentlich über die Füße gefallen", sagt Karin schmunzelnd, während das Fußballfan-Herz des Autors dieser Zeilen höherschlägt. Karin selbst hat für Fußball nicht viel übrig und hätte den Weltmeister von 1990 auf der Straße wohl kaum erkannt. Dennoch lernt sie ihn quasi im Vorbeigehen kennen. Guido Buchwald ist Markenbotschafter des Getränkeherstellers Ensinger, der wiederum in unmittelbarer Nachbarschaft von Schützingen ansässig ist. Bei einem von Ensinger veranstalteten Event hat die Familienherberge einen Stand gebucht. Der legendäre Verteidiger des VfB Stuttgart bleibt dort stehen, sie kommen ins Gespräch. Das Thema und Karins Engagement faszinieren ihn sofort. Karin lädt Guido zu einem Treffen ein. „Wir saßen bei meinen Eltern oben unterm Dach und er musste gar nicht lang überlegen. Die Familienherberge ist auch für ihn ein Herzensanliegen geworden. Er ist sehr oft hier und so hat sich ein sehr schöner Kontakt entwickelt. Das Nette zwischen uns ist tatsächlich, dass ich mit Fußball gar nichts anfangen kann, aber Guido als Person sehr schätze. Er setzt sich wirklich mit Überzeugung für unsere Familienherberge ein."

Carina Bär-Mennigen
Olympiasiegerin 2016

Donnerstag, 11. August 2016, Olympische Spiele in Rio de Janeiro. Im Doppelvierer-Finale der Ruderinnen überqueren vier junge deutsche Frauen die imaginäre Ziellinie als Erste. Olympisches Gold! Wahnsinn! Am Ziel aller Träume! Eine der Golddamen ist Carina Bär. Sie ist zu diesem Zeitpunkt 26 Jahre alt und bereits mehrfache Weltmeisterin in dieser Disziplin. Die olympische Goldmedaille ist ihr größter sportlicher Triumph. Doch sie weiß sehr gut einzuschätzen, dass das Leben nicht nur aus goldenen Momenten besteht.

Wenige Wochen später wird Carina Bär in ihrer Heimatstadt Bad Rappenau geehrt. Unter den Besucherinnen und Besuchern ist Martina Muckle, die sich – nennen wir es Zufall – ehrenamtlich für das Projekt Familienherberge Lebensweg in Illingen-Schützingen einsetzt. Martina Muckle weiß, dass die frisch gebackene Olympiasiegerin für das Thema sensibilisiert ist, denn Carinas Bruder ist aufgrund von Sauerstoffmangel bei der Geburt – man nennt das Asphyxie – mehrfach schwerbehindert. Martina spricht Carina an und drückt ihr eine Broschüre der Familienherberge in die Hand. Im Gewusel der Ehrung ist Carina gar nicht richtig aufnahmefähig. Erst als der Trubel vorbei ist und sie zu Hause zur Ruhe kommt, greift sie noch einmal zum Prospekt – und ist sehr beeindruckt.

Mit Martina Muckle stattet sie kurz darauf Karin Eckstein in Schützingen einen Besuch ab. Es funkt sofort zwischen Karin und Carina. „Das hat direkt gut gepasst“, erinnert sich Carina, „da hatte Martina schon das richtige Gespür, uns zusammenzubringen.“ Carina berichtet von ihrer eigenen Geschichte als Geschwisterkind eines schwerbehinderten Bruders. Die Pflege ihres zwei Jahre älteren Bruders Mathias ist in Carinas Kindheit ein prägender Teil des Familienalltags auf dem elterlichen Bauernhof. Mutter und Vater kümmern sich aufopferungsvoll um ihren ältesten Sohn, Carina und ihr jüngerer Bruder Florian sind immer wieder intensiv mit eingebunden. Die Olympiasiegerin weiß also aus eigener Erfahrung, was es bedeutet, ein schwerbehindertes Kind zu Hause zu versorgen. Das ganze Leben, der gesamte Alltag wird davon bestimmt. Carina versteht Karins Anliegen mit der Familienherberge auf Anhieb.

Gemeinsam überlegen sie, was Carina für Karin tun kann. Auch sie wird offizielle Botschafterin der Familienherberge Lebensweg. Bis heute nutzt Carina Bär-Mennigen, die mittlerweile Ärztin an der Uniklinik Heidelberg ist, jede Gelegenheit, um Karins Projekt bekannter zu machen oder Geld dafür zu sammeln. Sie vermittelt Kontakte zu Firmen, die wiederum mit ihren Möglichkeiten die Familienherberge unterstützen. Bei einem der Feste kann beispielsweise ein Ruder-Event mit Carina ersteigert werden. Natürlich legt Carina auch fleißig Prospekte der Familienherberge in diversen Einrichtungen aus, ebenso an ihrem Arbeitsplatz an der Uniklinik. Sie weiß um die Wirkung, die ein Prospekt haben kann, der einem in die Hand gedrückt wird.

Markus Brock
Fernsehmoderator

Auch Markus Brock ist offizieller Botschafter der Familienherberge Lebensweg. Er lernt Karin und ihr Team bei einer Moderatorenschulung kennen. Es ist eine besondere und nachhaltige Begegnung, kein Seminar wie jedes andere. Markus Brock ist tief beeindruckt von dem Engagement seiner Trainees. Vor allem der Bericht über eine Mutter, die erst dann, als ihr Kind mit neun Jahren gestorben war, wieder zum Friseur gehen konnte, trifft ihn mitten ins Herz.

„Da wurde mir endgültig klar, wie unvorstellbar groß der Druck ist, unter dem die betroffenen Familien stehen", wird Markus Brock auf der Internetseite der Familienherberge zitiert. „Deshalb bin ich sehr gerne Botschafter für die Familienherberge Lebensweg", heißt es dort weiter. Und das gilt für alle Botschafterinnen und Botschafter.

„Das ist das Schöne und uns ist das auch wichtig", sagt Karin: „Unsere Botschafter halten nicht nur ihr Gesicht in die Kamera und stehen bei uns auf der Homepage, sondern sind wirklich eng verbunden mit unserem Haus und engagieren sich sehr."

Ein unbekannter Zwilling in Hamburg

Winter 2013, SWR-Fernsehen, Landesschau Baden-Württemberg. Startenor und Botschafter Jay Alexander erwähnt in einem Bericht die Familienherberge Lebensweg. Der Beitrag ist nur kurz, doch für Karins Projekt ist es ein erstes größeres Coming-out. Kaum schaltet Karin nach der Sendung den Fernseher aus, klingelt ihr Telefon. „Dann hat mir einer irgendwas ins Ohr gequasselt, was ich nicht verstanden hab. Es klang nach Hamburger Akzent", erzählt Karin lebhaft. „Stopp, stopp, ich versteh kein Wort! Sind Sie hier falsch?" „Nee, nee, ich hab grad Landesschau geguckt!" Der Mann am anderen Ende klingt aufgekratzt. Er stellt sich vor als Frank Stangenberg. „Das, was du da machst, das machen wir auch, das machen wir auch!" Frank Stangenberg beginnt zu erzählen. Langsam dämmert es Karin: *„So ein Projekt wie unseres – das macht also doch schon jemand! Und wir wissen nichts voneinander!"*

So erfährt Karin von ihrem bis zu diesem Zeitpunkt unbekannten Zwilling. Der „Neue Kupferhof“ im Hamburger Norden hat 2013 seine Toren geöffnet, das deutschlandweit einzige Projekt mit einem ähnlichen Konzept, das auch Karin Eckstein für ihre Familienherberge vorschwebt. Betroffene Familien finden hier ein Kurzzeit-Zuhause: Pflegezimmer für die Gastkinder mit Handicap, dazu ein Team aus Pflegekräften, Therapeutinnen und Therapeuten, Pädagoginnen und Pädagogen. Familienzimmer für den Rest der Familie – alles unter einem Dach, Betreuung rund um die Uhr, 24/7.

Kurze Zeit nach Frank Stangenbergs Anruf sitzen Karin und Bernd Eckstein sowie Martin Mörmann bei ihm und seinem Co-Piloten Steffen Schumann in Hamburg. Beide Seiten sind fasziniert: Ihre Konzepte sind – unabhängig voneinander – fast identisch. Kleiner Unterschied: Der „Neue Kupferhof“ ist als Elterninitiative gestartet, Frank und Steffen sind betroffene Väter. Karin hat als Kinderkrankenschwester die Not gesehen und den Bedarf der Familien erkannt, die Idee war jedoch dieselbe.

In ihren Planungen sind die Hamburger den Schützingern um einige Jahre voraus. Karin und ihr Team nehmen viel mit von dem Austausch. Frank Stangenberg stattet den Gegenbesuch im Süden ab und berichtet vor Ort den Mitgliedern des Fördervereins vom „Neuen Kupferhof“ im Norden. Die Erkenntnis, dass es ein ähnliches Projekt bereits gibt und sogar schon in Betrieb genommen wurde, gibt auch dem Projekt „Familienherberge“ weiteren Auftrieb. Wenn auch die Strukturen etwas unterschiedlich sind, stimmen sich die „Kupferhofler“ und die „Familienherbergler" dennoch vertrauensvoll und eng miteinander ab. Ein Beispiel: Der „Neue Kupferhof" finanziert sich über die sogenannte Eingliederungshilfe. Eingliederungshilfe ist Behindertenarbeit und dafür ist das Sozialamt zuständig. Nach reichlicher Überlegung kommen die Schützinger zu dem Schluss, es dem Kupferhof gleichzutun. Mit dem zuständigen Sozialdezernat des Landkreises Enzkreis wird über die Eingliederungshilfe eine Rahmenvereinbarung getroffen. Das heißt, für die pflegebedürftigen Kinder wird ein Pflegesatz festgelegt – die erste Finanzierungssäule für die Familienherberge Lebensweg. Erst viele Jahre später kommen zusätzlich die Krankenkassen mit an Bord. Hier ist es die Behandlungspflege, über die sich die Familienherberge mitfinanziert. Zwei Säulen also: Eingliederungshilfe (Sozialamt) und Behandlungspflege (Krankenkassen). Dass im laufenden Betrieb dennoch Jahr für Jahr ein nicht unerhebliches Defizit entstehen würde, das durch Spenden finanziert werden muss, ist von Anfang an klar.

Mit der Ermutigung der Hamburger Freunde im Rücken geht die Öffentlichkeitsarbeit und die Suche nach Förderern und Spendern für die Familienherberge Lebensweg weiter.

Wunder reiht sich an Wunder

Immer wieder und immer häufiger öffnen sich nun Türen. Eines Tages findet Karin eine E-Mail in ihrem Posteingang: „Wir haben in der Zeitung von Ihrem Vorhaben erfahren. Wir würden Sie gerne unterstützen. Können wir einen Termin machen?" Der Absender sagt Karin nichts, aber natürlich sind sie und ihr Team für alle Hilfsangebote offen und dankbar. Kurze Zeit später sitzt Karin einem Ehepaar gegenüber, etwas jünger als ihre Eltern. Karin berichtet von ihrem Traum und dem Stand der Dinge. Dann heißt es: „Wir melden uns wieder." Einige Zeit später kommt die Nachricht: „Wir haben eine Stiftung und würden Sie gerne damit unterstützen." Karin freut sich, ist gespannt, bleibt aber auch vorsichtig-abwartend. Erst nach und nach, auch durch Gespräche mit anderen, findet sie heraus, dass der Mann über große Erfahrung auf dem Bausektor und hilfreiche Kontakte verfügt. „Nach unserem Kennenlernen war er in jedem einzelnen Gespräch, das ich geführt habe, dabei und hat mich beim Bau unterstützt. In allen Angebotsentscheidungen war er involviert, ist mit mir in wirklich jedes Gespräch mit den Handwerkern gegangen. Es war phänomenal!" Karins Augen glänzen beim Erzählen. Es sind diese Highlight-Momente, die sie durch die Monate und Jahre tragen. Rückblickend scheint es beinahe so, als würde sich in Karins Geschichte Wunder an Wunder reihen.

Nach Jahren der Vorbereitung, am 5. Mai 2015, seinem Geburtstag, reicht Architekt Andreas Kiefner das Baugesuch für die Familienherberge Lebensweg beim Bauamt des Landkreises Enzkreis ein. 5. Mai. Es ist auch Karins Geburtstag.

4

DER BAU

Lauter so „Geschichtle“

Immer mehr Spenden kommen herein, auch Nachlässe werden auf die gGmbH überschrieben. Der Plan lautet: Wenn das Geld für den Rohbau da ist, fangen wir an! Doch die ersten Spender werden unruhig. „Wir spenden jetzt schon seit Monaten für eine grüne Wiese“, heißt es da. „Fangt doch mal an!“ Wieder ist so ein Hopp-oder-top-Moment da, wie Karin ihn nennt.

Im Vertrauen darauf, dass das fehlende Geld, dass weitere Spenden schon eingehen werden, geben Karin und ihr Team das Startzeichen: Wir legen los!

Juni 2015. Spatenstich für die Familienherberge Lebensweg. Hunderte Leute sind gekommen. Karin weiß kaum, wie ihr geschieht. Pragmatisch haben sie und ihr Team diesen Tag vorbereitet. Auf den letzten Drücker wird ein Sandhaufen angekarrt. „Damit man etwas buddeln konnte. Weil die Erde so hart war.“

Es ist ein herrlicher Frühsommertag, an dem Karin mit den vielen Menschen auf dem Grundstück steht. Lebhaftes Gewusel, ein historischer Tag. Karin atmet tief durch. Im Zeitraffer ziehen Bilder, Augenblicke, Begegnungen vor ihrem inneren Auge vorbei. Sie lässt sie sacken. Für einen Moment kommt sie ganz zur Ruhe. Ihre Augen füllen sich mit Tränen. Der Moment geht ihr zu Herzen.

„Dieses Fest…“, erzählt sie rückblickend, „es war ganz seltsam. Ich weiß gar nicht, wie ich es beschreiben soll. Wir standen da auf dem Acker und wussten, dass etwas Großartiges beginnt, aber wir wussten noch nicht, was. Am nächsten Tag sagte mir einer genau dasselbe: *‚Du, ich hab was Großartiges gespürt auf dem Feld. Das war eine ganz besondere Stimmung, ich wollte gar nicht mehr heimgehen.‘*“

Anderthalb Jahre später eine ähnliche Szene. Im Keller des Rohbaus veranstalten Karin & Co. eine Weihnachtsfeier. Danach hört Karin wieder genau diesen Satz: „Es war so eine besondere Stimmung, wir wollten gar nicht nach Hause gehen.“ „Da bekomme ich jetzt noch eine Gänsehaut, wenn ich daran denke. Das war wirklich berührend. Obwohl es schweinekalt war an dem Tag, sind die Leute noch ewig lang geblieben und haben die Feier und die tolle Atmosphäre genossen.“

Und wieder so eine Geschichte: Am Ende des offiziellen Programms der Weihnachtsfeier steht spontan ein älterer Herr auf, Günter Hofstetter, einer der Großspender. Er teilt der versammelten Runde mit, dass er das Projekt mit seiner bestehenden Stiftung unterstützen wird. Eine tolle Ankündigung, jedoch mit einem Haken, wie nur die Insider in diesem Moment wissen. Denn das Konzept der Familienherberge Lebensweg passt nicht in den Stiftungszweck von Günter Hofstetters Stiftung. Und ist der Zweck einer Stiftung einmal festgelegt, kann er normalerweise nicht mehr geändert werden. Aber Günter Hofstetter ist mit seiner Frau Heidelinde bis zum Landrat in Heilbronn gegangen, um seinen Stiftungszweck ändern zu lassen, damit die Familienherberge mit aufgenommen werden kann. „Das hat er an dem Abend verkündet", berichtet Karin. „Einfach unglaublich!"

Auch zwischenmenschlich passieren immer wieder Dinge, die sich in die Reihe der vielen kleinen und größeren Wunder einreihen lassen. Beim Spatenstich treffen sich Menschen, die sich schon lange aus den Augen verloren haben. Karin erinnert sich konkret an zwei ältere Herren, die ihren Kontakt dadurch wieder aufgefrischt haben. Beide sind bis heute treue Spender. „Lauter so *‚Geschichtle'* sind geschehen, die ich im Nachhinein mitbekommen habe. Es waren wirklich ganz besondere Feste, Feste der Begegnung. Teilweise war das ganze Dorf da."

Spatenstich, Grundsteinlegung, Richtfest, Sommerfest, Weihnachtsfeier – Karin und Team lassen nichts aus! Es gibt regelmäßig Tage der offenen Baustelle, einmal findet sogar eine Hausmesse im Rohbau statt: Sportstudios, Versicherungen, Physiotherapeuten dürfen sich präsentieren. All das sind Aktionen, um das Projekt bekannter zu machen, und natürlich auch, um den Spenderinnen und Spendern immer wieder etwas zu bieten und sie teilhaben zu lassen an den Fortschritten. „In meiner Erinnerung waren alle Anlässe einfach nur berührend und schön. Es gab Ansprachen, Essen, Trinken, Heiterkeit, symbolische Handlungen wie den Spatenstich eben oder die Grundsteinlegung. Gemeinde, Politik, Landrat, unsere Botschafter – es war herrlich!"

Beim Spatenstich steht die Scheune noch, die Mitarbeitende schön geschmückt haben. „Davon gibt es unwahrscheinlich schöne Bilder", erinnert sich Karin. „Es gibt ein ganz prägnantes Bild, wo mein Papa mit dem Spaten zum Spatenstich läuft."

Ein kleiner Haufen Erde

Schon am Tag nach dem offiziellen Spatenstich kommen tatsächlich die Bagger, um die Scheune und die Stallungen einzureißen. Für Karin, ihre Geschwister, ihre Eltern ein unglaublich berührender Moment. Schon das Ausräumen ist ihnen nahegegangen. In Scheune und Stallungen haben sich tausend „Säckelchen und Sachen" gesammelt. Den Oehrle-Geschwistern wird noch einmal bewusst, wie viel Zeit sie als Kinder hier verbracht haben, wie schön es war, auf dem Hof zu spielen. Verstecke werden plötzlich wieder sichtbar, in die sie sich als Kinder verkrochen haben. Auch Vater Gerhard Oehrle gehen die Abrissarbeiten sehr nahe. Zusammen mit seinen Eltern und seinem Bruder hat er einst den Hof aufgebaut. Zu sehen, dass ein Stück Lebenswerk zu Ende geht, ja, abgerissen wird, weil etwas Neues anfängt, ist für ihn verständlicherweise sehr bewegend. Karin und ihrem Mann Bernd kommen noch einmal Bedenken: Sollen wir die Scheune doch stehenlassen? Die ist so schön und ursprünglich hat es ja den Gedanken gegeben, man könnte sie umbauen. Doch es war dem Architekten zu riskant, qualitativ so hochwertige Technik in den alten Gemäuern einzubauen. Karin erinnert sich, dass kurz vor dem Abriss noch eine Rockband da war, die eine der beiden Scheunen genutzt hat, um Coverbilder zu machen für eine CD. „Die waren echt cool! Und es war zum Schreien: Die Rockband – alle mit Sonnenbrillen, Lederstiefeln und Gitarren – und zwischendrin wuselten meine Eltern durch die Gegend. Es gibt sogar ein Bild, auf dem auch meine Eltern mit Sonnenbrille zu sehen sind. Das war wirklich lustig. Die ganze Aktion hat uns noch einmal bewusst gemacht, wie sehr der Hof wertgeschätzt wurde und wie schön er auch war." Und dann plötzlich ist das alles nicht mehr da. Nichts davon steht mehr, alles abgerissen, zermahlen. Übrig bleibt ein kleiner Haufen Erde.

„Unser Hof war ein Dreiseiten-Hof. Wenn man hineingefahren ist, ist man auf den Stall oder die Scheune zugefahren. Und dann fährst du in den Hof rein und da ist nur noch ein Loch. Das war schon sehr seltsam und auch emotional. Mein Gefühl war: *Da bin ich nicht mehr daheim.* Das war einfach nicht mehr das Daheim, das Geborgene wie vorher."

Kriegt Karin kalte Füße? Zweifelt sie an ihrer Idee, an ihrem Traum? Wehmut überfällt sie. Es ist doch ein kleiner Schock, zu sehen, wie der elterliche Hof nach dem Abriss der Scheune und der Stallungen aussieht. War das jetzt wirklich richtig? „Es hat mich und meine Geschwister auf jeden Fall zu Tränen gerührt, so viel weiß ich noch." Gleichzeitig stellt sich ein „Es gibt kein Zurück"-Gefühl ein. „Der Hof ist weg und wenn wir jetzt nicht weitermachen, war alles umsonst." Dieser Gedanke kommt Karin immer wieder. „Ich glaube, wir konnten das Ganze tatsächlich nicht wirklich überblicken. Wir wussten zwar, was wir wollten, aber was das wirklich bedeutet, die Vielfältigkeit, der Umfang, das Ausmaß, das konnte man einfach nicht überblicken. Natürlich wussten wir, was wir tun, aber dennoch, in der Summe konnten wir nicht einmal erahnen, was noch alles kommen würde. Ich bin aber auch froh drum, dass man wirklich jeden Tag neu hat angucken müssen."

Das Rohbau-Wunder

Karins positiv-pragmatische Art hat sie weit gebracht. Sie hilft ihr auch über die melancholischen Momente hinweg. Ein kleiner Haufen Erde. Es gibt kein Zurück. Karin glaubt an ihr Projekt, an ihre Vision. Sie vertraut. Etwas Neues entsteht. Was in den Wochen und Monaten nach dem Spatenstich geschieht, ist für alle Beteiligten überwältigend. „Den Bau zu finanzieren war tatsächlich leichter als den laufenden Betrieb. Als nach 15 Monaten der Rohbau fertig war, das war für uns schon ein Wunder! Es war einfach grandios! Es war mit wahnsinnig viel Arbeit und Netzwerken verbunden, aber für uns alle, die wir in den Anfängen mitgemacht haben, war das ein klares Signal: Das Haus wird gebraucht. Hier liegt ein ganz besonderer Segen drauf!"

Ängste, Zweifel, Sorgen? Oft wird Karin danach gefragt, ob ihr das Projekt nicht manchmal über den Kopf wächst. Dann weiß sie nie so genau, wie sie antworten soll. Spielt ihr ihr Gedächtnis einen Streich? Blendet es etwas aus? Bei allen Schwankungen weiß Karin sicher, dass sie nie ernsthaft darüber nachgedacht hat, hinzuschmeißen. „Ich hab ja immer noch nicht genau gewusst, wohin alles noch wachsen würde! So unterschiedlich wir auch sind, ich glaube, Martin Mörmann ging es da genauso wie mir: Wir konnten beide letztendlich nicht wirklich erfassen, was noch alles auf uns zukommen würde." Karin weiß, was sie will, wohin sie will. Doch der Weg entsteht erst beim Gehen. „So bin ich einfach. Einen Schritt vor den anderen. Allein was es bedeutet, so viele Mitarbeiter zu führen, darüber habe ich mir einfach keine Gedanken gemacht. Die Sorge von heute, die reicht mir eigentlich, da brauch ich nicht die von übermorgen dazu." Wie oft hört sie Fragen wie: Hast du dir das auch gut überlegt? Kennst du überhaupt das Ausmaß von dem Ganzen? „Und ich so: Ich weiß nicht." Trotzdem ist Karin diesen Weg gegangen und hat ihren Traum verwirklicht. Frei nach Victor Hugo: „Nichts auf der Welt ist so mächtig wie eine Idee, deren Zeit gekommen ist."

Akribische Planung

Schon lange vor Baubeginn laufen auch die vorbereitenden Arbeiten für den späteren Betrieb der Familienherberge auf Hochtouren. Kostenvoranschläge für Reinigung, Ausstattung, Versicherung und Energie müssen eingeholt werden, Personalkosten werden kalkuliert. Akribisch tüftelt Martin Mörmann an den Zahlen, weiß aus Erfahrung, dass man am Anfang etwas weniger Zeit und Kosten für die Pflege selbst berechnen kann, dafür umso mehr in die Administration investieren muss. Die Erfahrung der Hamburger Freunde vom „Neuen Kupferhof" hilft dabei sehr: Was habt ihr für Kosten? Wie kalkuliert ist das? Löhne müssen festgelegt werden, da die Familienherberge als private Einrichtung keinem Tarif unterliegt. Angelehnt an den öffentlichen Dienst finden Martin Mörmann und Team einen Mittelwert, mit dem sie später gute Erfahrungen machen werden und keine Überraschungen erleben.

Später wird Martin Mörmann sagen, dass die Kalkulation für den laufenden Betrieb fast eine Punktlandung war. Noch so ein kleines Wunder, wenn man die Größe und Komplexität der Unternehmung bedenkt.

Berührungsängste und der Wert eines Menschen

Die Lawine rollt. Viele Türen gehen auf, Gelder gehen ein, ein Wunder folgt auf das andere. Alle scheinen begeistert zu sein von dem Großprojekt „Familienherberge Lebensweg", das die Kinderkrankenschwester Karin Eckstein angestoßen hat. Doch es gibt auch eine andere Seite. Nicht alle in Karins unmittelbarer Umgebung begegnen der Unternehmung mit offenen Armen. Kaum zu glauben, doch Karins Erfolgsweg ruft auch Neider auf den Plan. Karin spürt deutlich, dass ihr manche Menschen aus der Nachbarschaft nicht mehr so freundlich und offen begegnen wie früher. Sie vermutet, es liegt an einer gewissen allgemeinen Scheu, mit dem Thema Behinderung und den Menschen, die damit zu tun haben, umzugehen. Nun bekämpft man Ängste ja am besten dadurch, indem man sich mit ihnen konfrontiert und auseinandersetzt. So wünscht sich auch Karin Begegnung, Kommunikation, dass man miteinander ins Gespräch kommt. Das gilt nicht nur für die unmittelbare Nachbarschaft der Familienherberge, sondern ganz allgemein für die Gesellschaft. „Leider schaut man in erster Linie nur auf die Behinderung", meint Karin. „Vielleicht wäre es hilfreich, die Behinderung nicht zu sehr in den Mittelpunkt zu stellen." Im Leitbild der Familienherberge Lebensweg steht, dass hier alle ihren Mitmenschen respektvoll, würdevoll, ehrlich und achtsam begegnen wollen. „Und zwar allen Menschen gleichermaßen", ergänzt Karin. „Weil wir fest daran glauben, dass jeder Mensch von Gott geliebt und gewollt ist. Daraus ergibt sich auch, dass unser Hauptaugenmerk nicht auf der Behinderung, der Einschränkung des Kindes liegt, sondern darauf, was das Kind kann. Die Kinder kommunizieren natürlich auf einer ganz anderen Ebene mit uns als gesunde Kinder. Wenn du einem Kind, das nicht reden kann, in die Augen schaust, kannst du darin so viel entdecken! Am Mund, an der Mimik, an der Gestik kannst du so viel ablesen! Das ist das Wunderbare! Es ist so viel Schönes in so einer Begegnung, wenn ich die Menschen nicht auf das reduziere, was sie nicht können." Ein schöner und grundlegend anderer Ansatz, der in unserer schnelllebigen Zeit leider wenig Platz zu haben scheint: Der Wert eines Menschen liegt nicht darin, wie er aussieht und was er kann! Siehe Leitbild der Familienherberge: Jeder ist wertvoll! Dieser gelebte Wert macht die Aufgabe für Karin und ihre Mitarbeiterinnen und Mitarbeiter auch gar nicht so negativ und belastend – „bei aller Schwere, die die Familien in so einer Situation haben, das ist ja ganz klar", fügt Karin hinzu.

Ein noch größeres Wunder

Der Bau schreitet voran. Karins Traum wird Stein für Stein sichtbarer. Bis zu diesem Zeitpunkt hat sie selbst immer von einer Familienerholungsstätte gesprochen. Das war immer ihre Vision gewesen. Im Gespräch mit betroffenen Familien fällt nun immer wieder die Frage: Wie würdet ihr gerne ein Haus nennen, in dem ihr Urlaub macht? Auch im erweiterten Familien- und Freundeskreis werden

Ideen eingeholt. Eine Strichliste wird geführt: Wie oft wird welcher Name genannt? Neben dem Begriff „Lebensweg“ ist auch „Familienerholung Stromberg“ im Rennen, da Schützingen zum Naturpark Stromberg-Heuchelberg gehört. Am Ende kristallisiert sich dann aber der heutige Name heraus, die „Familienherberge Lebensweg“.

Nach 15 Monaten steht der Rohbau. Noch einmal 15 Monate später ist der Innenausbau fertig. Anfangs besteht noch die Hoffnung, bereits zu Weihnachten 2017 eröffnen zu können, aber dann hätte alles perfekt laufen müssen. Eröffnung ist letztendlich im Mai 2018. Vom Spatenstich bis dahin sind es sehr sportliche drei Jahre Bauzeit. „Wir waren alle sehr erfreut, dass es alles in allem so wunderbar gelaufen ist.“

Doch wenn der Rohbau schon ein Wunder war, was ist dann das fertige Haus? „Ein noch größeres Wunder“, sagt Karin strahlend. Ihre Augen leuchten. „Es war wirklich unglaublich! Das fertige Haus hat samt Einrichtung 3,5 Millionen Euro gekostet. Anfang Mai 2018 haben wir die Familienherberge Lebensweg tatsächlich schuldenfrei eröffnet!“

5

DER TRAUM WIRD WAHR

Stress, Wahnsinnsstress

Fast achteinhalb Jahre ist es her, dass Karin Eckstein im Kreise ihrer Familie eine Idee geäußert hat. Aus dieser Idee ist Großes entstanden – die Familienherberge Lebensweg in Illingen-Schützingen. Ein ganzes Wochenende ist für die Einweihung eingeplant. Doch zunächst findet eine Woche vorher ein großes „Preview"-Fest statt. Es ist der 27. April 2018. Die Großspender sind eingeladen, die Familienherberge zu begutachten. Fast 80 Menschen sind da, Unternehmerinnen und Unternehmer sowie Privatpersonen, bei denen sich Karin und ihr Team für die Unterstützung bedanken wollen. Sie sind die Ersten, die das Haus sehen dürfen. Auch die Presse ist anwesend.

Die offizielle Eröffnung findet vom 4. bis zum 6. Mai 2018 statt. Zufällig schon wieder ein 5. Mai, Karins Geburtstag. Doch nach ausgelassenem Feiern ist Karin nicht zumute. Ein Gefühl steht über allen anderen in diesen Tagen: Stress, Wahnsinnsstress! Karin und ihre Mitstreiterinnen und Mitstreiter haben für dieses Wochenende ein Riesenprogramm auf die Beine gestellt. Musik, Bands, Spielwiese, Hausführungen. Die Botschafterinnen und Botschafter sind da, Moderatorin Kimsy von Reischach führt durch den Abend. Karin erinnert sich: „Ein Wahnsinnsprogramm einerseits und andererseits waren noch nicht einmal alle Böden fertig. Wir haben die Räume, in die man noch nicht durfte, mit Decken abgehängt. Diese Bilder werde ich auch nicht vergessen: Auf der einen Seite wird ein wunderschönes Dinner gerichtet, auf der anderen Seite wird noch der Boden geschrubbt."

Karin fällt es schwer, die Tage zu genießen. Den anderen Beteiligten geht es ähnlich. Auch Martin Mörmann sagt rückblickend, dass er sich auf den Festen gar nicht so richtig freuen konnte. „Wir waren alle so im Stress", beschreibt es Karin, „man ist eigentlich in das Fest reingefallen und wieder raus." Und das, obwohl es Karin normalerweise ganz gut gelingt, den Moment zu genießen. Doch in diesem Fall hat es sehr lange gedauert. „Erst jetzt in den Jahren danach hab ich immer mal wieder solche Momente. Wenn Gästewechsel ist und ich ganz alleine durchs Haus laufe, da wird es mir manchmal bewusst: Mensch, das ist alles durch diese kleine Idee entstanden, die ich hatte. Dann erfüllt mich eine große innere Freude und eine tiefe Dankbarkeit." Spricht man Karin auf den Begriff Stolz an, ist sie zurückhaltend. „Ach, Stolz ... Ja, vielleicht auch Stolz, dass es klappen hat dürfen. Stolz nicht nur auf mich, sondern auch auf die Menschen, die sich haben mitnehmen lassen. Aber am Fest selber, da waren wir alle so im Trubel, da war mir das noch gar nicht bewusst, was wir da wirklich geschafft haben."

Disco in der Familienherberge

Die Oehrle-Eltern im September 2014 beim Fototermin einer Coverband

< Blick auf das alte Ensemble des Dreiseithofs

Familie Oehrle im Oktober 2015: Markus, Karin, Walter, Margret und Jürgen, vorne die Eltern Marianne und Gerhard

Gerhard Oehrle auf dem Weg zum Spatenstich 2015

Architekt Andreas Kiefner erklärt beim Spatenstich die Pläne für die Familienherberge.

Der ehemalige Kuh- und Schweinestall

Karin Eckstein und Martin Mörmann mit einem Modell der Familienherberge

Die Baustelle von oben am 14. April 2016 und beim Richtfest am 9. September 2016

Ensinger
Ensinger
Ensinger

Richtfest am 9. September 2016

> v. l.: Jay Alexander, Andreas Kiefner, Klaus Jost (Beirat), Karin Eckstein, Stefan Weber (Erster Vorsitzender Lebensweg e.V. bei Gründung) und Angelika Miko (Gesellschafterin bis 2021)

Guido Buchwald und Carina Bär-Mennigen beim Sommerfest 2022

> Die am 1. Juni 2016 eingemauerte Zeitkapsel enthält tagesaktuelle Zeitungen der Region, Münzen, den Bauplan und eine Broschüre der Familienherberge sowie einen Segensspruch (v. l.: Wolfgang Hagenbuch, Thomas Frühwirth, Karin Eckstein, Guido Buchwald, Landrat a. D. Karl Röckinger und Jay Alexander).

HS BAU
Das Bauunternehmen mit Tradition
Ihr Partner für ALLE Bauaufgaben!
Familienherberge
Lebensweg

Blick auf den Westflügel der Familienherberge

Der hauseigene inklusive „Spielplatz Abenteuerland“ und Blick auf die Familienherberge

Kuschelecke im Pflegebereich

Eingangsbereich mit Atrium und den dort eingelassenen dunklen Spendersteinen

Eingangsbereich mit Empfang (oben) und Pflegezimmer mit Spezialbett

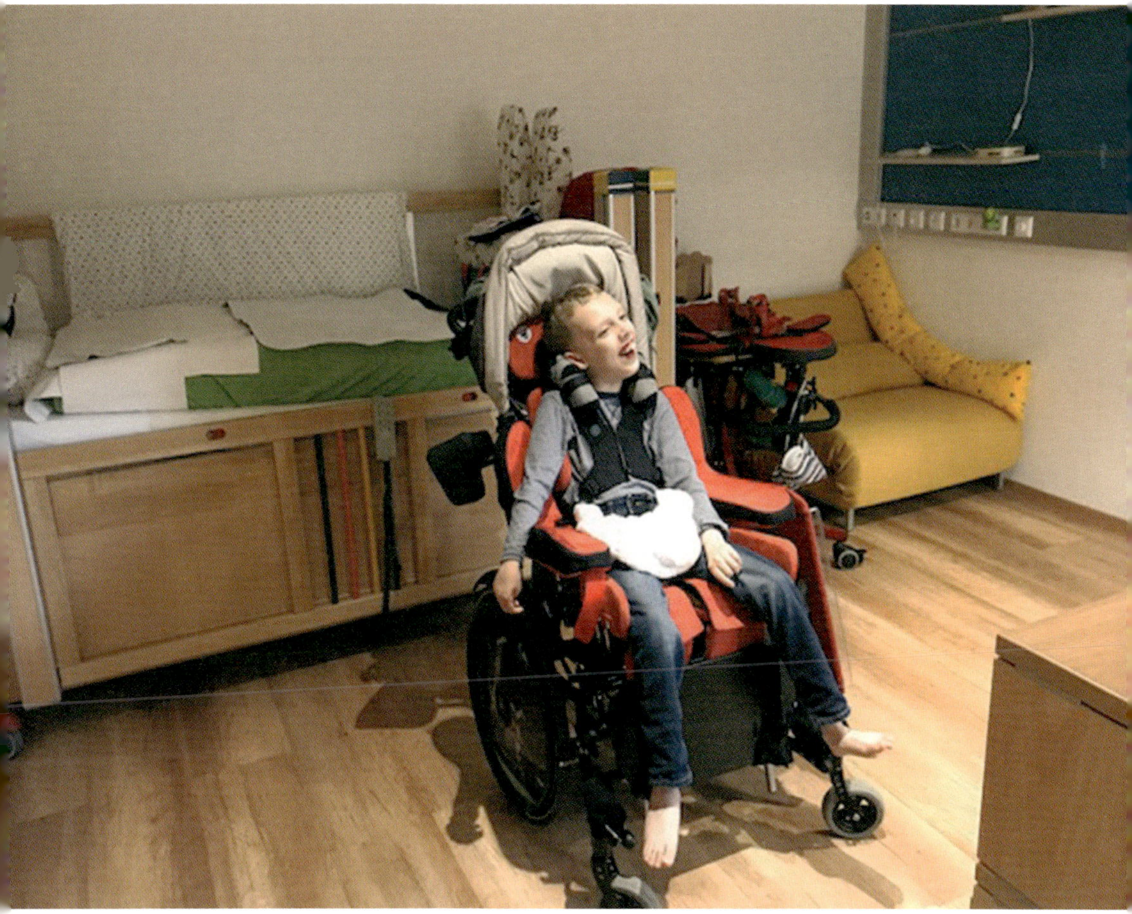

Gastkind Marius in seinem Urlaubszimmer

Mitarbeiterinnen und Mitarbeiter
der Familienherberge beim
Mitarbeiterfest im Frühjahr 2023

Probewohnen ohne Türen

Noch bevor die ersten offiziellen Gäste in die Familienherberge einchecken, gibt es einen Probelauf. Parallel zum Bau des Hauses ist Karin mit vielen Familien, für die die Familienherberge gedacht ist, in Kontakt geblieben. Sie waren immer mal wieder bei den Festen dabei, haben miterlebt, wie sich der Bau entwickelt, und wurden in die Planungen mit einbezogen. Nun fragt Karin sie an, ob sie nicht probewohnen möchten, kostenfrei. Feedback aus erster Hand ist Karin wichtig. Doch kurz vor dem Probewohnen herrscht noch Chaos, wie aus einer E-Mail von Karin an Veronika Househam hervorgeht. Veronika ist damals Assistentin der Geschäftsführung und bis heute in der Familienherberge beschäftigt.

Karin schreibt am 10. Mai 2018:

Im Pflegebereich gibt es keine Türen.
Der Lift im Badezimmer kann nicht genutzt werden.
Der fahrbare Lift hat sich gestern auch nicht bewegt.
Die Wäschesäcke sind nicht beschriftet.
Wir haben keinen PC, Hycare hat kein Update gemacht.
Bisher auch kein Telefon, kein Notruf.
Keine Locher, Tacker, Büroklammern.
Die Handwerker waren gestern länger im Haus als ich.
Ich habe keine Ahnung, wie es aussieht.
Die Pflegekräfte haben keinen Schlüssel.
Es gibt keine Haken, Spiegel, Mülleimer in den Bädern.
Wir haben keinen Notfallkoffer.
Kann ich aufhören?
Ich weiß nicht wo mir der Kopf steht …

Dennoch beziehen kurz darauf Probegäste die Familienherberge Lebensweg. Härtetest für ein verlängertes Wochenende. Zum ersten Mal passiert in der Praxis das, worauf Karin und ihr Team all die Jahre hingearbeitet haben. Auch für die Angestellten eine wichtige Erfahrung, um sich auf den Normalbetrieb vorzubereiten und einzustellen. „Die Familien haben einen richtigen Pioniergeist mitgebracht. Nach dem Motto: Hier wird was Neues aufgemacht, da wollen wir dabei sein und helfen", erinnert sich Veronika Househam.

Zum Pflegeteam der ersten Stunde zählt Mareen Baumann, die bis heute in der Familienherberge Lebensweg angestellt ist. Sie erinnert sich lebhaft an die abenteuerlichen Anfangstage und die noch nicht ganz komplette Ausstattung. „Eine Mutter sagte mir, wenn der Junge dann schläft, könne ich die Tür zumachen. Das Problem war nur: Es gab noch keine Türen in den Pflegezimmern der Gastkinder. Eine Firma hatte Lieferschwierigkeiten." Doch vor allem fehlt es in den ersten Tagen an jeglicher Alltagsstruktur. Es gibt diverse Räume, aber noch kein festes Programmangebot, geschweige denn eingespielte Abläufe. So wird in den ersten Tagen den Pflegerinnen und Pflegern auch viel Eigenverantwortung abverlangt. „Heute ist es für neue Mitarbeiterinnen und Mitarbeiter super einfach, weil es Strukturen gibt, die sich in den letzten Jahren eingespielt haben. Damals haben wir bei null angefangen." Erst in der Praxis zeigt sich, was alles fehlt, was geht und was nicht geht. Von der ursprünglichen Idee, dass eine Pflegekraft drei Kinder versorgt, rückt man schnell wieder ab. „Beim Probewohnen haben wir gemerkt, dass das nicht funktioniert", erzählt Mareen Baumann. „Das hat gleich am ersten Tag die ganze Planung durcheinander geschmissen. Da wurde dann aber schnell reagiert und wir haben 1:2 gemacht, also eine Pflegekraft versorgt zwei Kinder."

Rund zehn Pflegerinnen und Pfleger teilen sich in den ersten Tagen die Arbeit. Sie arbeiten in drei Schichten, je nach Bedarf zwei bis drei Mitarbeitende pro Schicht. Auch für die Nachtschicht sind an diesem Probewochenende zwei Personen eingeteilt, Mareen ist eine davon. Doch ihr Kollege, der auf 450-Euro-Basis angestellt ist, muss kurzfristig absagen. „Dann ist die Ute dageblieben, Ute Kohler, die erste Pflegedienstleiterin, und hat im Kuschelraum ohne Türen auf einem Eckkissen geschlafen. Ich sollte während meines Nachtdienstes nicht alleine sein …"

Die Pflegekräfte und die Mitarbeitenden in der Hauswirtschaft tun alles dafür, dass sich die Familien wohlfühlen. Die Rückmeldungen sind durchweg begeistert. Bezeichnend: Absolute Priorität hat für die Eltern die Versorgung ihrer Kinder. Erst wenn sie sehen, dass es dem Kind gut geht, dass es rundum gut versorgt ist, besteht auch für die Eltern die Möglichkeit, sich zu entspannen. Jede freie Minute ist bereits Erholung, alles, was darüber hinaus geht, eine Massage beispielsweise, purer Luxus. Kritisches Feedback gibt es kaum. Am Ende geht es um praktische Kleinigkeiten, die man eventuell anpassen könnte, wie etwa die Anfangszeiten der Mahlzeiten. Entscheidend ist die Rückmeldung, dass sich die Familien hier gut aufgehoben fühlen und sich tatsächlich vorstellen können, in der Familienherberge Urlaub zu machen und sich zu erholen. Mehr noch: Sie freuen sich riesig darauf!

Die ersten Gäste

An historischen Momenten mangelt es in diesen Wochen nicht. Am 19. Mai 2018 treffen die ersten offiziellen Gäste in Schützingen ein. Es sind mehrere Familien, die erst kurz zuvor auf die Familienherberge aufmerksam geworden sind. Eine davon – Eltern mit einem Kind in der Pflege – wird bereits einen Monat nach ihrem Erstbesuch ein weiteres Mal zu Besuch sein. Eine weitere kommt mit zwei Söhnen – einer bezieht ein Pflegezimmer, der zweite ist mit den Eltern im sogenannten Hotelbereich untergebracht. Das dritte Ehepaar hat zwei schwerst mehrfachbehinderte Kinder, die beide im Rollstuhl sitzen. Die Eltern genießen es ungemein, ausschlafen zu können, was zu Aufregung in der Hauswirtschaft führt, wie sich Veronika Househam erinnert. Kurzerhand werden die Frühstückszeiten nach hinten verlegt.

Wenn auch die Rückmeldungen der Familien von Anfang an sehr positiv sind, so herrscht doch in den ersten Wochen des offiziellen Betriebs noch ein gerütteltes Maß an Chaos. Viele Abläufe sind einfach noch nicht eingespielt, das gesamte Herbergsteam kämpft an allen Fronten. In den ersten Tagen ist es kaum möglich, die Familienherberge telefonisch zu erreichen. Ständig ist die Leitung besetzt, da in Sachen Bau, Anlieferung von Möbeln oder Fragen zu Events nach wie vor Hochbetrieb herrscht. Mal wird eine Mama mit ihrem Kind unabsichtlich im Pflegebett eingeschlossen, mal ein Elternteil nachts ausgesperrt. Außerdem fehlen noch Vorhänge an den Fenstern. Auch stehen die Verantwortlichen in ständigen Diskussionen mit den Kostenträgern. In den Ämtern scheint noch keiner die Familienherberge zu kennen und zuordnen zu können. Leidtragende sind am Ende die betroffenen Eltern, doch Veronika Househam berichtet, dass sie damals alle sehr tapfer waren. Trotz des Stresses ist es eine sehr angenehme Zusammenarbeit zwischen Herbergsteam und Eltern.

Einige Dinge fallen allerdings jetzt erst, da die ersten Familien da sind, auf. Etwa, dass in Schützingen, so formuliert es Veronika, „wirklich absolut nichts los ist. Hier kann man nicht mal groß was einkaufen!"

Doch es gibt auch die ersten Sternstunden. Momente, in denen das geschieht, wovon Karin so viele Jahre lang geträumt hat. „Unsere Eltern sitzen gemeinsam im Eltern-Wohnzimmer bei einem Glas Wein zusammen", schreibt Karin an einem Abend an ihre Assistentin. Ein Glas Wein am Abend. Purer Luxus für die gestressten Eltern. Für Karin die Erfüllung eines Traums. Das Wunder ist sichtbar geworden.

Bürokratischer Dschungel

Es ist ein langer, mühsamer und kräftezehrender Weg bis zu diesen Momenten, in denen tatsächlich Entlastung spürbar wird und ganz langsam so etwas wie Entspannung und Erholung für die betroffenen Familien einsetzen kann. Nicht nur die komplette Entstehungsgeschichte der Familienherberge Lebensweg ist voller Hürden und Herausforderungen. Auch für die Eltern der pflegebedürftigen Kinder ist ein Urlaub in Schützingen keine Spontanaktion. Er bedarf einer längerfristigen Vorbereitung.

Wenn die Familien ankommen, ist das Team der Familienherberge im Schnitt bereits etwa sieben Stunden mit ihnen in Kontakt gewesen. Es ist ein gewaltiger bürokratischer Aufwand, um nicht zu sagen Dschungel, der sie da erwartet. Dabei unterstützen sie die Mitarbeiterinnen und Mitarbeiter intensiv, die mit der Zeit die Abläufe immer besser kennen. Die Familienherberge Lebensweg hat einen Vertrag mit dem Landratsamt Enzkreis. Der Aufenthalt der Gastkinder wird zu einem Teil über die Eingliederungshilfe mit der Sozialkasse des Landratsamtes abgerechnet. Da die Kinder aber nicht nur aus dem Landkreis Enzkreis kommen, müssen sich die Ämter aus den anderen Bundesländern dieser Vereinbarung anschließen. Da gibt es dann schon einmal Diskussionen mit den anderen Landratsämtern, bei denen das Familienherberge-Team die Eltern unterstützt.

Während ein Teil der Kosten für die Gastkinder – also die Kinder, die den Pflegeplatz benötigen – übernommen werden, zahlen die Eltern ihre eigenen Kosten und die der Geschwisterkinder für Unterkunft und Verpflegung selber. Da die Familien aber ohnehin finanziell schon sehr belastet sind, zum Beispiel weil sie für die Pflege ihres Kindes ihre Wohnung umbauen mussten, werden diese Kosten sehr gering gehalten. Karin will den Aufenthalt der Familien nicht von deren Geldbeutel abhängig machen. „Das würde unserem Leitbild nicht gerecht.“

Alles kann, nichts muss

Für die Familien, die einen Aufenthalt gebucht haben, sehen die ersten Stunden in etwa so aus: Mit voll bepacktem Auto, oft zusätzlich mit Anhänger, weil für die ganze Ausrüstung nicht genug Platz ist, erreichen sie die Familienherberge in Schützingen. Meist hat das Gastkind einen Rolli für drinnen, einen besonderen Wagen für draußen, oft noch einen Steh-Ständer als Steh- bzw. Gehhilfe. Dazu kommt häufig ein Absauggerät, Windeln, manche Kinder brauchen Schienen an den Extremitäten oder ein besonderes Kissen zum Lagern. Das sind die Dinge, die die Familien selber mitbringen, da die Ausrüstung sehr individuell auf das jeweilige Kind zugeschnitten ist. Sie haben auch ihr eigenes Beatmungsgerät mit, wenn die Kinder beatmet sind. Das alles gibt es in der Familienherberge ebenso in Reserve, wenn mal etwas kaputt geht oder die Familien etwas vergessen. Prinzipiell bringen sie jedoch alles, was für die Pflege ihres Kindes notwendig ist, selber mit.

Dann wird das Gastkind in die Pflege aufgenommen, bezieht sein Zimmer im Erdgeschoss. Das Betreuungsteam führt ein langes Einführungsgespräch mit den Eltern, um sich alles Wichtige erzählen zu lassen. Jedes Kind hat seine ganz speziellen Eigenschaften und Bedürfnisse und denen will man natürlich so gut wie möglich gerecht werden.

Die Eltern und die Geschwisterkinder beziehen ihr Zimmer im Hotelbereich, das im 1. Obergeschoss liegt. Diese Trennung ist wichtig, weil sich die Eltern sonst nicht erholen können. Dennoch sind sie im selben Haus untergebracht und wissen, sie können jederzeit zu ihrem Kind. So gelingt es den Eltern am besten, loszulassen. Das fällt vielen schwer, manche sind es gar nicht gewohnt. Für manche ist es das erste Mal, dass sie ihr Kind von jemand anderem betreuen lassen. Sie können auch, wenn sie wollen, die ersten zwei Nächte im Pflegebereich mitübernachten. In der

Familienherberge Lebensweg gilt das Motto „Alles kann, nichts muss". Das Loslassen ist hier ein sehr wichtiges und großes Thema. Am Ende des Urlaubs ist in vielen Fällen die „Loslass-Phase" gelungen. Da kommt es dann auch vor, dass die Eltern einen Tag mal gar nicht im Pflegebereich vorbeikommen.

Umgekehrt kommt es natürlich auch vor, dass das Gastkind sehr an seiner Bezugsperson hängt. „Oft sind es die Mamas, die eine sehr enge Verbindung zu ihrem Kind haben und das Kind zu ihnen – wobei ich die Wichtigkeit der Papas da überhaupt nicht schmälern will", sagt Karin. „Genau dafür ist es ja so wichtig, dass die Eltern jederzeit vorbeikommen können." Manchmal gibt das Gastkind aber auch zu verstehen, dass es die durchgehende Nähe zu den Eltern gar nicht immer braucht. „Da heißt es dann auch schon mal: *‚Stopp, ich bin hier im Urlaub!'*", erzählt Karin. „Das passiert aber eher mal bei den älteren Kindern."

Natürlich sind einerseits in der Familienherberge einige Abläufe festgelegt, andererseits ist vieles sehr offen. Für die Pflege gibt es auf jeden Fall keinen starren, einheitlichen Tages- oder Wochenplan. „Bei uns ist gar nichts fest", sagt Karin und lacht, „bei uns ist alles im Fluss. Wir gehen sehr individuell auf die Reaktionen der Kinder ein. Viele Familien kommen ja häufiger zu uns, da wissen wir dann schon, was ihrem Kind besonders gut gefällt oder worauf es besonders positiv reagiert. Diese Erfahrungen liegen dem Programm natürlich zugrunde, daran basteln wir dann weiter." Das Kind wird also wieder in die Situation gebracht, in der es sich früher schon extrem gut erholt oder entspannt hat, gerade bei spastischen Kindern ist das wichtig.

Die Pflegekräfte probieren viel aus, beobachten die Reaktion des Kindes, lassen sich auch davon leiten, was das Kind selber als Nächstes tun möchte, wenn es das kommuniziert. Karin beschreibt es so: „Es ist alles spielerisch im Fluss: Aktion, Reaktion."

Die Abläufe, die sich bei aller Freiheit und Spontaneität in den ersten Betriebswochen der Familienherberge eingespielt haben, bewähren sich nach und nach. Mona Hoffmann, seit Betriebsaufnahme im Mai 2018 angestellt und mittlerweile stellvertretende Pflegedienstleitung, erinnert sich: „Anfangs haben wir von Tag zu Tag überlegt, was wir mit den Kindern heute unternehmen, mittlerweile gibt es einen Fahrplan." Ein Wochenplan gibt darüber Auskunft, welche Programmpunkte angedacht sind. „Voraussetzung ist natürlich, dass die Kinder Spaß daran haben. Wenn jeder in eine andere Richtung rennt, dann machen wir natürlich was anderes", sagt Mona. Doch normalerweise sieht der Plan folgende Beschäftigungen vor: gemeinsames Kochen oder Backen, ein Besuch im Atelier, wo die Sozialpädagoginnen und Sozialpädagogen mit den Kindern kreativ werden, etwa mit Ton oder mit Farben. Auch die „kunterbunte Runde" bieten die Sozialpädagoginnen und Sozialpädagogen an. Hier kommt das Schwungtuch zum Einsatz oder es werden herbstliche Naturmaterialien zum Basteln gesammelt. Einmal in der Woche geht es zum benachbarten Reiterhof. Der bietet ehrenamtlich begleitetes Reiten an, auch für die Geschwisterkinder. Dazu kommt der hauseigene Spielplatz. „Wir versuchen mindestens einmal am Tag mit den Kindern rauszugehen, zum Spazierengehen und Frische-Luft-Schnappen", sagt Mona Hoffmann. Auch der Morgen- und der Abendkreis sind feste Bestandteile des Wochenprogramms. Allerdings: *Alles kann, nichts muss.* Keiner der Programmpunkte ist Pflicht. Die Familien sind hier schließlich im Urlaub.

Doch gerade die Angebote sind für die Gästekinder etwas Besonderes und nicht Alltägliches. Mona weiß das aus der täglichen Praxis: „Die Kinder genießen die Unternehmungen und die Abwechslung, auch, dass die Pflege nicht so im Fokus steht. Nicht nur die Eltern sollen sich erholen, auch für die Gastkinder ist der Aufenthalt bei uns ein Highlight." Es sind diese ganz besonderen Momente, wenn die Augen der Kinder zu strahlen beginnen. Wenn für einige Augenblicke die Pflegeroutine aus Waschen, Bewegen, Massieren, Geräte-Tauschen und Medikamente-Einnehmen unterbrochen, vielleicht sogar vergessen ist.

Karin bedauert, dass sie als Leiterin der Familienherberge mit den konkreten Pflegesituationen nicht mehr viel zu tun hat. Manchmal vermisst sie diese kleinen großen Momente des Glücks, wenn spürbar ist, wie sehr ein Kind eine Situation, einen Augenblick genießt. Doch obwohl Karin so viel mit den administrativen Dingen beschäftigt ist, ist sie dennoch nah dran, lässt sich von Eltern und Pflegekräften berichten. Für jeden Bereich ist ein Bereichsleiter, eine Bereichsleiterin angestellt – also Pflege, Hauswirtschaft, Verwaltung, Betreuung, Hausmeisterei. Das gesamte Team trifft sich wöchentlich, ist ständig im Austausch und gut informiert. „Ich bekomme also viel mit, erlebe aber vieles leider nicht hautnah mit. Das ist manchmal schon schade, weil hier ja das Eigentliche passiert. Es ist ja unser Ziel, auch immer wieder mit den Familien einzutauchen in so schöne Situationen. Es macht mich aber absolut glücklich, zu wissen, dass die Familien in guten Händen sind."

Handelsreisende in Sachen Familienherberge

Karin liebt auch ihre Aufgaben, die jenseits der Pflege liegen. Von Anfang an ist sie viel unterwegs. Das Netzwerk weiter auszubauen und die Familienherberge draußen weiter bekannt zu machen, ist ihr Herzensangelegenheit und Freude zugleich.

In den ersten Jahren ist Karin viel mit dem Förderverein auf Achse. Kaum ein Fest, bei dem sie nicht einen Stand aufbauen, kaum ein Weihnachtsmarkt in der Gegend, bei dem nicht auch die Familienherberge vertreten ist. Mittlerweile ist Karin in ganz Deutschland zu Vorträgen und Präsentationen unterwegs. Ob in den Service-Clubs (Lions, Rotary, Kiwanis, ...), bei Frauenfrühstückstreffen, in Schulen, Kindergärten, Vereinen, Unternehmen oder bei Jubiläen, sie berichtet von ihrem Projekt. Auch wenn jemand runden Geburtstag feiert und für die Familienherberge spenden möchte, schaut Karin gerne auf einen Sprung vorbei und stellt ihre Arbeit vor.

Im Schulunterricht schafft sie auf spielerische und praktische Art und Weise ein Bewusstsein dafür, was es bedeutet, mit einer Behinderung zu leben: Was passiert, wenn ich nicht mehr sehen kann, gefüttert werden muss, nicht selber die Zähne putzen kann? So führt sie die Schülerinnen und Schüler an das Thema heran, gibt ihnen Unterlagen für die Eltern mit.

Auch in Kliniken, bei Veranstaltungen von Kinderärztinnen und Kinderärzten und in sozialpädiatrischen Zentren war und ist Karin viel unterwegs. Mal geht es darum, konkret um Spenden zu bitten, mal – etwa in Behinderteneinrichtungen und -schulen – zu informieren: *Hallo, es gibt uns, ihr könnt zu uns als Gäste kommen!* Durch Corona war diese wichtige Form der Öffentlichkeitsarbeit stark eingeschränkt, teilweise auch ganz zum Erliegen gekommen. Es gibt aber immer wieder positive Überraschungen: Eine Familie aus Berlin war in Schützingen. Karin will wissen, wie sie von der Familienherberge erfahren haben. In einer Kinderarztpraxis in Berlin habe eine Broschüre gelegen, so die Antwort. Gute Arbeit spricht sich eben herum.

Die Öffentlichkeitsarbeit liegt Karin. Sie hat Spaß daran, ihr Herzensprojekt bekannter zu machen. „Das ist total meins", sagt sie freudestrahlend. „Also, ich kann da quer durch Deutschland reisen, das macht mir gar nichts aus." Oft fehlt jedoch die Zeit. Die Aufgaben als Geschäftsführerin sind vielfältig und ihr Tag hat auch nur 24 Stunden. Ein Spannungsfeld. Denn es ist wichtig, dass jemand, der voll im Thema ist, von der Sache restlos überzeugt ist, selbst diese Öffentlichkeitsarbeit betreibt. Es braucht jemanden, der authentisch begeistert ist und begeistern kann.

„Die Karin kann ja wirklich gut erzählen", sagt Martin Mörmann augenzwinkernd. „Sie hat in Sachen Pflege und Gesundheit große Kompetenz und Erfahrung – und das bringt sie auch großartig rüber!" Martin Mörmann selbst bringt die betriebliche Erfahrung mit und unterstützt Karin vor allem in den Bereichen, in denen er sich auskennt: Arbeitsverträge, betriebliche Zahlen, Auswertungen, Kalkulationen, Einnahmen, Ausgaben, Pflegesatzverhandlungen. Auch unangenehme Themen machen vor der Familienherberge nicht Halt: Da gibt es schon auch mal eine Abmahnung, eine Kündigung, all die Dinge, die jeden Betrieb jederzeit ereilen können. „Das ist nicht alles Friede, Freude, Eierkuchen. Wir haben die gleichen schwierigen Situationen zu bewältigen, wie es sie anderswo auch gibt", berichtet der ehrenamtliche Geschäftsführer. Karin und Martin bilden ein gutes Team, verstehen sich auch privat gut und können sich aufeinander verlassen. „Karin kennt ihre Grenzen und ich kenne meine", sagt Martin offen. „Das macht ein Team aus."

Ein bunter Strauß an Möglichkeiten

Zurück zum Tagesablauf. Ein Highlight in der Familienherberge Lebensweg ist der multisensorische Raum. Ihn beschreibt Karin als etwas ganz Besonderes. „Es ist ein Luxus, den zu haben! Er konnte dank der großzügigen Spende der Dietmar Hopp Stiftung gGmbH eingerichtet werden." Im multisensorischen Raum werden alle Sinne angesprochen: Hörsinn, Geschmackssinn, Tastsinn. Ein Film kann abgespielt werden, Geräusche können abgespielt werden – Wind oder Blätterrascheln. Ein Ventilator erzeugt Wind im Raum passend zu den Bildern. Durch verschiedene Lichtimpulse wird ein Sonnenuntergang simuliert bzw. der Raum in ein bestimmtes Sonnenlicht getaucht. Hier lässt sich eine eigene Welt erschaffen, in die man abdriften kann. Für autistische Kinder etwa, die manche Sinne oft nicht so bewusst wahrnehmen können, ist die Anregung aller Sinne besonders wertvoll. Währenddessen können die Eltern sich auf einem Wasserbett entspannen, einfach nur mal beim Kind liegen, ohne selber aktiv zu sein. Unterm Wasserbett ist ein Subwoofer angebracht, der tiefe Basstöne nicht nur hör-, sondern auch spürbar macht. Ein Kind, das nicht hören kann, kann den Sound hier also spüren. Die Sinne werden nicht nur angeregt, sondern auch miteinander verknüpft.

Zusätzlich befindet sich ein Bastel- und Werkraum in der Familienherberge, ein Turnzimmer ist ebenfalls vorhanden. Sowohl die Gastkinder als auch deren Eltern und Geschwister können die Räumlichkeiten jederzeit nutzen.

Auch während der Mahlzeiten sind die Gastkinder betreut. Zur Erholung der Eltern gehört es unbedingt dazu, in Ruhe essen zu können, ohne sich um das pflegebedürftige Kind kümmern zu müssen. Konkret ist es so, dass der Speisesaal aus zwei Räumen ohne Tür besteht. Es ist also eine räumliche Nähe zwischen dem betreuten Kind und den Eltern vorhanden, dennoch hat jeder seinen eigenen Bereich.

Das ganz normale Leben spüren

Die Wochen vergehen. Sie sind nicht weniger anstrengend und aufregend als vor der Eröffnung, dennoch kommen Karin und ihre Angestellten langsam in ihrem neuen Leben an. Abläufe spielen sich ein.

Hingegen ändert sich für viele Familien mit pflegebedürftigen Kindern durch einen Besuch in der Familienherberge Lebensweg Entscheidendes: Da gibt es Momente des Aufatmens, des Innehaltens, des Nichtstuns, der Entspannung und Erholung. Für viele eine komplett neue Erfahrung nach langer, kräfteraubender Zeit.

Es geht um die Basics, um ganz banale Dinge. Hier werden keine Sternstunden im herkömmlichen Sinne erlebt, hier geht es um Einfacheres. „Eltern sagen uns, dass sie zum ersten Mal wieder eine Nacht durchgeschlafen haben. Einfach mal wieder eine Nacht durchgeschlafen“, betont Karin. Einfach mal wieder das ganz normale Leben spüren dürfen!

Ein Ehemann erzählt: „Ich war mal wieder mit meiner Frau im Kino! Wir waren noch nie im Kino, seit das Kind auf der Welt ist!“ Das Gastkind ist 15 Jahre alt. Andere Szene: Ein Papa sitzt draußen mit einer Tasse Kaffee, nichts weiter. Er sitzt einfach nur. Die Minuten vergehen. Kein Buch, kein Kopfhörer. Karin läuft ein paar Mal an ihm vorbei, bis sie ihn fragt: „Ist alles ok? Kann ich irgendwas helfen?“ „Mir geht's bestens“, sagte er, „danke!“ Es kommt Karin schon fast vor wie in der berühmten Loriot-Szene: „Ich sitze hier! Ich möchte einfach hier sitzen!“ Das geht zu Hause nicht. Es geht wirklich nicht um große Dinge. Es geht um Grundbedürfnisse.

Mona Hoffmann und Mareen Baumann, die beiden Kinderkrankenschwestern, die seit Betriebsbeginn der Familienherberge dabei sind, berichten von einer Erfahrung, die sie immer wieder machen. Ganz oft sagen ihnen Eltern, dass ihr Kind nicht ohne sie einschlafen kann. Selbstverständlich nehmen die Pflegerinnen das ernst und selbstverständlich darf ein Elternteil auch im Pflegebett des Kindes bleiben, bis es eingeschlafen ist. Aber fast genauso oft passiert es hier, dass es das Kind doch schafft, alleine einzuschlafen – ohne großen Kampf. „Manchmal sind die Eltern geradezu fassungslos, dass das funktioniert hat“, erzählt

Mona. In vielen Fällen klappt es danach auch zu Hause mit dem Einschlafen. Eine riesige Entlastung für den Alltag! „Oft haben die Eltern zu Hause gar nicht die Energie, es so lang zu probieren, bis es klappt“, ergänzt Mareen. Wir haben hier halt auch die Möglichkeit dazu. Wir sind ein ganzes Team, das das Kind 24 Stunden betreut!“

Mona fügt hinzu: „In unserem Beruf entwickelt man sehr schnell sehr großes Verständnis für die Situationen der Familien. Viele Eltern schütten hier wirklich ihr Herz aus. Was die für bürokratische Hürden nehmen müssen, ist unglaublich! So ein behindertes Kind ist ja im Alltag schon ein unglaublicher Mehraufwand – und dann muss man sich ständig eine Verordnung holen, man muss die Rezepte holen, man muss zu Therapien fahren, muss die Schule organisieren, Anträge stellen. Das ist ein unbegreiflicher Zeitaufwand!“ Mona wird emotional, während sie das erzählt. Mareen sitzt daneben und nickt. „Dass man da irgendwann am Ende seiner Kräfte ist und dann den Weg des geringsten Widerstandes einschlägt – zum Beispiel beim Thema Schlafengehen, ist allzu verständlich!“ Mona und Mareen ist bewusst, was die Eltern tagein, tagaus leisten. „Man darf über gar niemanden urteilen“, fährt Mona fort. Oft haben Familien schon traumatische Erlebnisse auf Intensivstationen oder in den Schulen hinter sich, oder Notfallmedikamente wurden falsch verabreicht. Fast jede Woche werden uns solche Dinge berichtet. Und das ist hier das Elementare: Hier wird niemand verurteilt!“

Genau dieses Verständnis ist es, das die Eltern so nötig haben. Auch für sie ist es zunächst ein Lernprozess, sich von heimischen Strukturen, Abläufen und Zwängen zu lösen. Bei manchen dauert es zwei bis drei Tage, bis eine Veränderung eintritt, andere brauchen mehrere Aufenthalte in der Familienherberge. Oft sind es kleine Schritte: Die Pflegekräfte übernehmen das Essen mit den Kindern, dann sind die Kinder mal ein bis zwei Stunden bei ihnen, bis die Eltern sie wieder holen. Das steigert sich dann ganz langsam. Wenn es gut läuft, steht für die Eltern am Ende der zwei Wochen Aufenthalt ein Tagesausflug auf dem Programm. Dann sind sie einen ganzen Tag nicht da. „Das ist das Ziel", sagt Mona, „und das kriegen wir auch oft gut hin." Mareen ergänzt: „Für viele Familien ist das hier der Ausbruch aus den gewohnten Strukturen zu Hause. Dort ist man ständig müde, in seinem Kreislauf gefangen, hat keine Kraft, um beispielsweise das Thema mit dem Schlafengehen anzugehen." Mona übernimmt wieder: „Hier ist es einfach eine ganz andere Umgebung und Situation. Es sind andere Leute da – und wir gehen unbedarft an die Sache heran. Wir haben nicht schon den dreihundertsten Versuch hinter uns, der gescheitert ist, sondern sagen einfach: *‚Komm, wir probieren das jetzt einfach.'* Wenn wir entspannt sind, können die Kinder auch entspannen. Das ist oft das ganze Geheimnis. Dann können kleine Wunder geschehen."

Mühlacker Tagblatt, 31. August 2018
von Frank Goertz

„Familienherberge ist eine Kraftquelle"
[. . .] Lara ist zehn Jahre alt, als Frühchen auf die Welt gekommen und mehrfach behindert. Unter anderem leidet sie an epileptischen Anfällen. Mit einem Schlag hat sie das Leben

ihrer Mutter Karin Lütte völlig auf den Kopf gestellt. Nach fünf Monaten zwischen Tod und Leben und drei Operationen durfte Lara die Klinik verlassen. „Seitdem bin ich 24 Stunden am Tag, sieben Tage in der Woche auf meine Tochter fokussiert", berichtet Karin Lütte. Sie „funktioniere" so seit fast elf Jahren, sagt die ehemalige Arzthelferin, weil sie einige Kraftquellen habe. „Eine davon ist hier." Mit „hier" meint sie die Familienherberge Lebensweg, wo sie und ihr Partner eine Auszeit genießen können, während Fachkräfte sich um Lara kümmern. „Ich war seit acht Jahren nicht mehr mit meinem Partner essen", erzählt Lütte – und dabei versagt ihr fast die Stimme. Sie kämpft mit den Tränen. „Aber durch diese Einrichtung ist das möglich geworden", macht die Mutter deutlich, dass das, was für andere Familien ganz normaler Alltag ist – Zeit für den Partner und Zeit für eigene Interessen – bei ihr eigentlich gar nicht stattfindet. [...]

Karin Lütte und ihr Lebenspartner schildern nicht nur ihren Alltag, der von der Fürsorge für Lara bestimmt ist, sondern auch von den vielen Nebenkriegsschauplätzen, die ihnen das Leben zusätzlich erschweren. „Ob bei der Krankenkasse oder Behörden – immer müssen wir als Bittsteller auftreten", weist Lütte auf die täglichen Demütigungen hin, die wohl auch dadurch entstehen, dass ihre Gesprächspartner mit ihrer speziellen Situation wenig anfangen können und manchmal auch wenig Verständnis für die Notwendigkeiten und Bedürfnisse einer Familie haben, die kein gesundes Kind hat, sondern sich um eine schwer kranke Tochter kümmern muss. So ist beispielsweise die Finanzierung des Aufenthalts in Schützingen noch nicht einmal endgültig geklärt. „Eigentlich hätten wir die Familie deshalb gar nicht aufnehmen dürfen", sagt Karin Eckstein, Initiatorin der Familienherberge, die auch die Finanzen im Auge behalten muss. Die Familie abzuweisen, sei für sie aber keine Option gewesen. „Es kann doch nicht sein, dass der Geldbeutel darüber entscheidet, ob eine Familie so dringend benötigte Erholung bekommt oder nicht."

Wobei, wie Lütte auch einräumt, die Behörden durchaus bereit seien, Leistungen zu gewähren. Aber nicht von alleine. Sondern nur auf Antrag. „Wir müssen uns alle Informationen erkämpfen", so Lütte. [...]

Plötzlich Pandemie

März 2020. Keine zwei Jahre hat die Familienherberge geöffnet, dann kommt Corona und bremst vieles aus, was gerade angelaufen ist. Die Einnahmenseite wackelt. „Wir hatten Angst, dass die Spenden einbrechen", gibt Martin Mörmann offen zu. „Was macht eine Pandemie mit einem spendenbasierten Sozialunternehmen? Wenn es den Firmen nicht gut geht, bleiben die Spenden aus. Wir haben weniger Belegung und müssen trotzdem das Personal halten. Stockt man das Kurzarbeitergeld auf, damit die Angestellten bei einem bleiben?" Es ist eine ungemein schwierige Phase für alle Beteiligten. „Sogar schwieriger als die Anfangszeit", befindet Martin Mörmann rückblickend. „Das ganze Projekt ins Leben zu rufen, die Baufinanzierung – natürlich war das auch schwierig. Aber so relativ kurz nach der Eröffnung mit einer Pandemie konfrontiert zu sein, das war schon noch mal heavy!"

Gleich in den ersten Coronawochen schließt die Familienherberge ihre Tore – die Konsequenz aus der politischen Ansage: *Alle Pflegeeinrichtungen zu!* „Wir mussten uns auch erst sortieren", erinnert sich Karin. Die ganze Welt im Ausnahmezustand, der Kosmos Familienherberge Lebensweg in Illingen-Schützingen natürlich auch. Wieder die Fragen: Was gilt für uns? Wo gehören wir dazu? Sind wir eine Kurzzeitpflegeeinrichtung, sind wir Kindergarten oder Kindertagesstätte? Nichts passt so wirklich. Karin ruft bei der Behörde an: Was sind wir denn? Was dürfen wir? Was sollen wir? Keiner weiß eine Antwort, keiner fühlt sich zuständig. Also gibt es auch niemanden, der die Familienherberge offiziell schließen lässt. Die vorübergehende Schließung entscheiden Karin, Martin & Team eigenverantwortlich. Einerseits lässt sich die Familienherberge als Kindertagesstätte beschreiben, andererseits findet hier auch Pflege statt. Aber dann ist da ja noch der Hotelbereich. Folgt man also den Anweisungen des DEHOGA, des Deutschen Hotel und Gaststättenverbands? „Keiner wollte etwas von uns, also haben wir nach der Schließung auch schnell wieder aufgemacht und das Gesundheitsamt darüber informiert." Denn für Eltern, deren Kinder zu Hause gepflegt werden müssen, ist die Situation unerträglich: Die Pflegedienste brechen weg, die Schulen werden geschlossen, Pflegeeinrichtungen werden geschlossen. „Unser Auftrag ist Entlastung! Notfalls auch coronakonform." Gegen den eigenen Vorsatz, nicht zu selektieren, zwingt die Pandemie das Familienherbergsteam zu folgender Überlegung: Welchen Familien können wir in dieser Situation unter Einhaltung aller Coronavorsichtsmaßnahmen noch helfen? Schweren Herzens beschließt Karin, zunächst nur Kinder aufzunehmen, die im Rollstuhl sitzen, ohne Eltern und Geschwister. Da die „Rolli-Kinder" sich nicht von sich aus aufeinander zubewegen können, können Sicherheitsabstände besser eingehalten werden. Auch werden vorübergehend nur Kinder betreut, die keine bronchialen oder Lungendefekte haben. Sie starten mit vier Kindern in 1:1-Betreuung, was wiederum zur Folge hat, dass die betriebliche Ein- und Ausgabenbilanz ins Wanken gerät. Um gleichzeitig so wenig Mitarbeitende wie möglich im Haus zu haben, arbeiten die Pflegekräfte vorübergehend in zwei 12-Stunden-Schichten. „Das durften wir vom Arbeitsgesetz her. Zwölf Stunden arbeiten *dürfen*, und das in diesem Job", betont Karin.

Als dann wieder Eltern, später auch Geschwisterkinder aufgenommen werden, werden die Urlaubstage der Eltern und ihrer Kinder in Blöcken eingetaktet, um die Vermischung der einzelnen Familien zu minimieren. Keine fliegenden Wechsel mehr, sondern Urlaubsblöcke, um Begegnungen und mögliche Infizierungen zu verhindern. Es ist eine besonders schwere und unsichere Zeit. „Diese Selektion war schrecklich, aber wir haben einfach überlegt, was wir denn überhaupt noch tun können", erinnert sich Karin.

Letztlich ist die Familienherberge Lebensweg eine der wenigen Einrichtungen, die – mit Ausnahme der kurzfristigen Schließung am Anfang – während der Coronakrise durchgehend geöffnet hat. In der ganzen Zeit hat sich niemand im Haus angesteckt, kein Erwachsener, kein Kind, keine Mitarbeitenden, keine Gäste. „Wir hatten einen hohen Standard von Hygiene und Maskenpflicht", berichtet Karin. „Das war wahnsinnig anstrengend, aber natürlich wichtig und richtig." Wichtig ist ihr auch, dass nicht von oben herab entschieden wird, wie man im Haus mit der Situation umgehen soll. Karin ist in intensivem Kontakt mit Martin Mörmann. Beide holen die Bereichsleiterinnen und Bereichsleiter regelmäßig dazu und entscheiden von Woche zu Woche, wie es weitergeht. „Deshalb sind wir froh, dass wir privat sind. Das hat trotz aller Herausforderungen sehr gut funktioniert. Das kriegt eine große Einrichtung nicht hin", davon ist Karin überzeugt. „Uns war klar: Wir können nichts entscheiden, was die anderen dann ausbaden müssen! Alle Maßnahmen und Überlegungen betrafen in erster Linie ja unser Pflegepersonal und unsere Hauswirtschaft. Die müssen es durchziehen, nicht wir! Die müssen die Masken zwölf Stunden tragen, jede Türklinke abputzen, jeden Lichtschalter. Deswegen war es uns wichtig, die Mitarbeiter an Bord zu holen." Alle haben mitgezogen. Dennoch: Corona war eine sehr große Belastung für alle.

Eine Geschichte berührt Karin in der Coronazeit besonders. Ein Papa hatte große Sorge, herzukommen, weil er wusste, sein Kind ist austherapiert und eine Coronaerkrankung wäre höchst kritisch. „Sie haben so eine große Angst vor Corona, warum kommen Sie dann trotzdem?", fragt Karin ihn. „Wissen Sie, das ist eine Entscheidung zwischen Pest und Cholera. Wenn ich zu Hause geblieben wäre – wir schlafen seit drei Wochen nicht mehr richtig –, hätte ich mein Kind auch nicht mehr versorgen können. Wenn ich hier herkomme, hab ich halt die Sorge, dass sich mein Kind mit Corona infizieren könnte." Karin ist geplättet. Sie hat mit allem gerechnet, aber nicht mit dieser Antwort. „Das zeigt die Situation der Familien daheim. Sie sind manchmal in so einer Notlage, stehen unter solch einem Druck, sind so verzweifelt, dass wir fast schon die letzte Rettung für sie sind." Der Vater wollte eigentlich gar nicht da sein, er musste schon fast. Weil er einfach nicht weiterwusste. Nur ein Beispiel von vielen, wie wertvoll, ja, beinahe überlebensnotwendig die Familienherberge für die betroffenen Familien ist.

„Es ist Gott sei Dank gutgegangen“, sagt Karin. „Natürlich weiß man nicht, was Corona macht, es hätte auch anders ausgehen können. In diesem konkreten Fall war die Entscheidung wichtig und richtig: *Ich geh jetzt da hin!* Für die Eltern war das unglaublich schwierig. Ich weiß noch, wie der Vater hier regelrecht reingestampft ist und uns – etwas überspitzt ausgedrückt – Coronatests auf die Theke geknallt hat. Nach dem Motto: *Bevor ihr euch nicht vor meinen Augen getestet habt, berührt keiner mein Kind!* Da haben unsere Pflegemitarbeiterinnen und -mitarbeiter erst einmal gesagt: *‚Stopp, stopp, stopp, wir haben hier folgende Regelungen und so arbeiten wir erfolgreich seit anderthalb Jahren.‘* Und er: *‚Nein, das geht nicht ...‘* Er hatte fast schon panische Angst. Im Nachhinein haben wir ihn gut verstanden. Wir hatten dann ein sehr gutes Gespräch mit ihm, das auch ihn besänftigt hat. Beide, Vater und Mutter, haben so dringend Erholung benötigt, dass sie während der Coronazeit sogar noch ein zweites Mal hier waren. Der erste Aufenthalt hatte ihnen so gutgetan, dass der Vater seine Bedenken zur Seite gelegt hat.“

Monate später gibt Karin ein Update zu diesem Fall. „Da ist jetzt echt ein Wunder passiert“, erzählt sie ganz gerührt. „Die haben tatsächlich ihre Tochter allein bei uns angemeldet! Als ich das gelesen hab, hab ich in der Pflege nachgefragt: *‚Hab ich das richtig mitgekriegt? Die Eltern lassen ihr Kind allein bei uns?‘* Das ist der Hammer! Also für uns ist das phänomenal!“ Karin erinnert noch einmal an die schwierigen Gespräche mit der Familie, an die – fast schon – Kämpfe, die sie miteinander ausgefochten haben. „Wir sind damals wirklich aneinander geraten – und jetzt haben die Eltern das erste Mal Urlaub gebucht! Sie haben ihr Kind gebracht, waren selber noch zwei Tage hier, waren dann eine ganze Woche alleine im Urlaub und danach noch einmal einen Tag hier, bevor sie mit ihrem Kind wieder nach Hause gefahren sind." Mitzuerleben, wie Eltern Vertrauen fassen, Freiraum gewinnen und dann die Chance nutzen, sich zu erholen – das ist Karins gelebter Traum!

Herzblut und Monetäres

Fast von Anfang an betreiben die Verantwortlichen der Familienherberge Lebensweg offiziell Fundraising. Karin beschreibt es so: „Freundlich-penetrant, aber ohne zu betteln. Wir stellen einfach dar, was wir tun und warum wir es tun." Das kommt sehr gut an. Die Familienherberge hat ein Fundraising-Team, bestehend aus mehr als einer Stelle, das ausschließlich Spenden eintreibt über Stiftungen und Öffentlichkeitsarbeit. So wird versucht, das Defizit am Ende des Jahres so gering wie möglich zu halten. Dabei ist Martin Mörmann & Co. absolut bewusst, dass sie dieses Thema immer begleiten wird. Die Einnahmen über den „Hotelbetrieb" reichen natürlich bei Weitem nicht aus. Um eine Zahl zu nennen: Die Kosten für die Rundumbetreuung eines Kindes belaufen sich an einem einzigen Tag auf bis zu 900 Euro.

Die Familienherberge ist und bleibt ein Herzensanliegen für alle, die hier beschäftigt sind. Dass hier mit Herzblut,

Engagement und Überzeugung tolle Arbeit geleistet wird, steht außer Frage. Wer hier mitmacht, dem geht es nicht so sehr ums Geld. So wichtig es ist, dass man von seiner Arbeit leben kann, so klar ist auch, dass die Familienherberge als Arbeitgeber vor allem mit Soft Skills punktet. „Wir wirtschaften sehr gut“, betont Martin Mörmann. „Wir zahlen Löhne, die bestimmt nicht so hoch sind wie in anderen Einrichtungen. In der Pflegebranche entwickelt sich momentan unheimlich viel über den Lohn. Das Monetäre ist auch wichtig, klar, aber wir wollen unseren Angestellten ein wirklich gutes Umfeld bieten, möglichst viel Flexibilität, ein tolles Miteinander. Man weiß aus Befragungen und der eigenen Erfahrung: Es ist nicht nur das Geld, was zählt, sondern auch die Bedingungen, die man hat.“ Martin Mörmann hat recht. Das selbstständige Arbeiten am Kind, eine 1:1-, oft sogar 1:2-Betreuung, wo gibt es so etwas sonst? Wie oft hört man von „katastrophalen Zuständen“ in der Pflege, von unzumutbaren Bedingungen auf beiden Seiten! Die Familienherberge Lebensweg will ein Gegenentwurf sein. Ein Ort, an dem es allen gut geht, angefangen von den Gastkindern selbst über ihre Geschwister und Eltern bis hin zu den Mitarbeiterinnen und Mitarbeitern.

6

ALLTAG UND AUSBLICK

Von Kämpfen, Konflikten und Mordsbürokratie

Wir erinnern uns und vertiefen das Thema noch einmal: Es gab am Anfang kaum Vorbilder für die Arbeit der Familienherberge. Das Konzept „Pflege für die Gastkinder" plus „Herberge für ihre Familien inklusive Betreuung" ist extrem selten. Bis heute ist in keinem Paragrafen festgelegt, wie mit solch einer Einrichtung in Deutschland umzugehen ist. Mit welchen öffentlichen Mitteln kann so eine Arbeit finanziert oder zumindest unterstützt werden? Welche Regelungen greifen hier? Vieles ist bis heute nicht eindeutig geklärt. Da war kein: *Endlich gibt es euch! Toll, dass ihr da seid! Herzlich willkommen! Lasst uns reden!* Im Gegenteil: Die Familienherberge passt in kein vorgefertigtes System. Keiner fühlt sich zuständig. Keiner zeigt nachhaltiges Interesse, Entgegenkommen oder gar Eigeninitiative.

Da das Konzept der Familienherberge mehrschichtig ist, konzentrieren sich Karin und Team zunächst auf den Pflegebereich. Nach mühsamen Verhandlungen kommt es immerhin zur Rahmenvereinbarung in Sachen Eingliederungshilfe mit dem Sozialdezernat des Landkreises Enzkreis. Dieser Vertrag wurde mittlerweile mit professioneller Begleitung nachverhandelt und neu aufgelegt. Das heißt konkret: Für jedes Kind, das in der Familienherberge aufgenommen und gepflegt wird, gibt es vom Sozialdezernat pro Tag die Summe X. So weit, so halbwegs verständlich. Aber natürlich ist es komplizierter als das: Diese Eingliederungshilfe berücksichtigt nur einen Teil der Versorgung eines Kindes, nicht die Intensivpflege, wie sie fast alle Gastkinder in der Familienherberge benötigen. Da es für Karin und ihr Team jedoch keine Option ist, Kinder aufgrund der Schwere ihrer Beeinträchtigung nicht aufzunehmen, muss sich die Intensivpflege über zusätzliche Spenden finanzieren. Die ersten Jahre funktioniert es genau so. Es muss funktionieren! Erst im Dezember 2021, zweieinhalb Jahre nach Eröffnung der Familienherberge, gelingt mit den Krankenkassen eine Vereinbarung über die Intensivpflege, die sogenannte Behandlungspflege.

Damit ist auch wieder nur ein weiterer Teil der Versorgung abgedeckt, doch immerhin ist es endlich ein Ergebnis am Ende eines langen, mühsamen Weges. Denn seit 2013 waren Karin Eckstein und Martin Mörmann mit den Kassen im Gespräch. „Wenn ich das so offen sagen darf", setzt Karin an: „Ich hab mich im Nachhinein ein bisschen veräppelt gefühlt. Die haben uns nicht als richtige Verhandlungspartner gesehen und uns auch nicht so behandelt. Da schwebte immer eine ungemeine Skepsis mit. Rückblickend würde ich ihre Haltung uns gegenüber so interpretieren: *Na ja, das wird eh nichts!* Bis es uns zu bunt wurde und wir uns 2019 eine Sozialanwältin genommen haben. Wir hatten auf gut Deutsch echt die Nase voll! Und trotz Anwältin hat es dann noch einmal über zwei Jahre gedauert, bis wir zu einem Vertragsabschluss gekommen sind.

Wir hätten sagen können, wir nehmen die schwer zu versorgenden Kinder nicht auf, aber es ist nicht unser Ansatz, die Kinder oder die Familien auszusortieren nach Krankheit oder nach Geldbeutel. Es geht uns ja genau darum, in diesen Fällen zu helfen. Diese Familien sollen bei uns nicht auch noch durchs Raster fallen."

Erst seit Dezember 2021 erhält die Familienherberge Lebensweg also von den Krankenkassen Geld für die Intensivpflege. Für ein und dasselbe Kind werden nun aus zwei verschiedenen Quellen Gelder bezogen. Zum einen für die Grundpflege, zum anderen für die Intensivpflege. Die Intensivpflege kriegen jedoch nicht alle Kinder. Auch bedarf es wieder eines „mordsbürokratischen Aufwands" – Zitat Karin –, um sie für jedes Kind zu beantragen. „Und es deckt trotzdem nicht die täglichen Kosten ab, die wir für ein Kind am Tag aufbringen müssen. Es fehlen uns immer noch etwa 30 bis 35 Prozent, die wir über Spendengelder abdecken." Zwei Finanzierungssäulen also und dennoch ein Defizit. „Doch das wussten wir von Anfang an", wird Karin nicht müde zu betonen. „Weil wir da in kein System passen. Und trotzdem haben wir gesagt, wir starten. Weil: Wenn man es nicht versucht, weiß man nicht, ob's klappt." Karin führt die Kinderhospize als Beispiel an. Auch die gab es früher nicht, bis sich einer dieser Arbeit und des Themas angenommen hat. Heute sind sie in ganz Deutschland etabliert. „Wir haben die Hoffnung, dass sich irgendwann auch so eine Familienherberge etabliert."

Manche Kinderhospize wiederum werden durch eine weitere Säule mitfinanziert, eine Stiftung beispielsweise. Da kommt Karin auch schon mal ins Träumen: „Wenn wir eine große Stiftung hinter uns hätten, hätten wir natürlich weniger Geldsorgen“, sagt sie und lacht. „Deswegen sind wir nach wie vor auf die vielen, vielen, auch kleinen Spenden angewiesen.“

Immerhin ist die Familienherberge Lebensweg seit Mai 2022 im Paritätischen aufgenommen, einem Wohlfahrtsverband von eigenständigen Sozialeinrichtungen. Der Paritätische unterstützt Karin & Co. mit seinem Netzwerk, erleichtert den Zugang zu Infos und Institutionen. Ein weiterer Schritt auf dem noch relativ jungen Weg von Karins Projekt – von der jahrelangen Entstehungsgeschichte einmal abgesehen.

Nach wie vor tun sich also Türen auf. Doch nach wie vor mahlen die Mühlen der Bürokratie langsam. Das gilt auch für die Wohlfahrtsverbände. Karin verdreht die Augen. „Es war sehr schwierig, im Paritätischen aufgenommen zu werden. Die Bürokratie hat mir manchmal schon fast die Lust genommen in der ganzen Zeit. Das ist eine Katastrophe, echt!“ Typisch Karin, dass sie auch bei diesen Worten lacht. „Mir fällt da gerade ein Spruch ein von der Kasse, warum sie immer gezögert haben, uns zu unterstützen. Da ging es ständig um die Wirtschaftlichkeit, die sie uns abgesprochen haben. *‚Wir geben doch nicht unser Geld in ein Projekt, das dann wieder zusammenbricht.‘* Wir haben dann immer wieder kommuniziert, dass wir ja gerade deshalb hier sitzen und dass ihr Beitrag ja gerade deshalb so wichtig ist und dass wir ja gerade dann nicht zusammenbrechen, wenn sie uns unterstützen. In diesem Kreis haben wir uns jahrelang bewegt.“ Es ist schon erstaunlich: Die Familienherberge Lebensweg erfüllt einen großen sozial-gesellschaftlichen Auftrag. Das wird Karin sogar vonseiten des Gesundheitsministeriums immer wieder gesagt. „Und trotzdem fühlt sich keiner für uns verantwortlich."

Auf politischem Parkett

Auf ihrem Weg, ihre Vision umzusetzen, schlüpft Karin Eckstein mit den Jahren in viele neue Rollen, die ihr anfangs völlig fremd sind. Die Kinderkrankenschwester findet sich in Ämtern und Krankenkassen wieder, führt Diskussionen und Verhandlungen. Aus der Pflegerin ist eine Geschäftsführerin geworden, die es auf einmal mit Angestellten, Mitarbeiterführung, Buchhaltung und Bilanzen zu tun hat. Ohne die Unterstützung ihrer vielen Mitstreiterinnen und Mitstreiter hätte sie es nie geschafft, das betont Karin immer wieder. Dennoch: Sie selbst ist die treibende Kraft des Projekts, ist das Gesicht nach außen, geht voran. So gilt es auch, sich auf einem weiteren Parkett zurechtzufinden, das für sie völliges Neuland bedeutet: dem politischen.

Im SPD-Ortsrat von Illingen erfährt Klaus Kluge vom Projekt Familienherberge – und fängt Feuer. „Da hol ich euch die Altpeter!", erinnert sich Karin an die positiven Signale aus der Lokalpolitik. Katrin Altpeter ist Sozialministerin im ersten Kabinett des baden-württembergischen Ministerpräsidenten Winfried Kretschmann (2011 bis 2016). Tatsächlich kommt es noch lange vor Baubeginn zu einem Besuch auf dem Oehrle-Hof. Dort fällt ein Satz, den sich Karin nicht zweimal sagen lässt: „Mich hen Se dabei!"

Katrin Altpeter findet ein Referat im Sozialministerium, das Karin und ihr Projekt in der Aufbauarbeit großzügig unterstützt. Es läuft unter dem Thema „Inklusion“ bzw. „Aufbau Inklusionseinrichtungen“. Karin erhält ein Startkapital, mit dem sie ihre erste Mitarbeiterin Karin Balster einstellen kann, die zuvor Assistentin der Geschäftsführung eines großen Betriebs gewesen war. Karin Balster ist ein Glücksfall für Karin Eckstein. Sie arbeitet selbstständig und planvoll und schafft damit die ersten geschäftlichen Strukturen der Familienherberge. Karin und Karin sitzen also gemeinsam im ersten Büro der Familienherberge, das eigentlich keines ist. Es ist das leer stehende alte Wohnzimmer von Karin Ecksteins Großeltern, das sie zum Büro umfunktionieren. Detail am Rande: Karin Eckstein arbeitet lange ehrenamtlich für ihre Vision, bevor sie auf 450-Euro-Basis und erst sehr viel später in Vollzeit als Geschäftsführerin angestellt wird. Karin Balster erhält direkt eine volle Anstellung – als Assistentin der Geschäftsführung. In den ersten Monaten ist die Chefin also eine 450-Euro-, ihre Assistentin eine Vollzeitkraft. Äußerst unkonventionell. Und typisch Familienherberge!

Klaus Kluge ist es auch, der den Kontakt zu Katja Mast herstellt, seit 2005 Mitglied des Deutschen Bundestages und von 2011 bis 2016 Generalsekretärin der SPD Baden-Württemberg. Sie vertritt den Wahlkreis Pforzheim im Bundestag, der den Stadtkreis Pforzheim und den Enzkreis umfasst. Aktuell ist Katja Mast Erste Parlamentarische Geschäftsführerin der SPD-Bundestagsfraktion. In den Anfangszeiten der gGmbH werden also auch erste zarte Bande in die Bundespolitik nach Berlin geknüpft. „Das ist das Faszinierende am Netzwerken“, staunt Karin. „Da sitzt hier in Illingen jemand, der uns kennt und wohlgesonnen ist und den Bedarf sieht. Dieser Jemand ist in der Politik vernetzt, erwähnt uns immer wieder, wenn er eine Möglichkeit dazu sieht." So mühsam und langsam die Mühlen auch mahlen, hin und wieder öffnen sich Türen. Sogar in Berlin. Dazu später mehr.

Wichtig ist es zunächst, zu den Politikerinnen und Politikern vor Ort Kontakt zu halten, diejenigen also, die zum Landtagswahlkreis Enz gehören. Sie sind der Dreh- und Angelpunkt für Karins Beziehungen in die „höhere Politik". Der eine sitzt dann im Landtag, die andere im Bundestag. Da und dort versucht Karin ihr Anliegen zu platzieren. Ihrerseits sind die Türen offen. Und so kommt es immer wieder zu Besuchen von Politikerinnen und Politikern in Schützingen. „Katja Mast eben oder von den Grünen die Landtagsabgeordnete Stefanie Seemann", zählt Karin auf. „Die FDP ist vor Ort meist Opposition und knallt dann immer wieder Fragen rein, was aber durchaus hilfreich sein kann", fügt sie schmunzelnd an. „Dann noch die CDU – wir versuchen, alle Bälle zu jonglieren. Das ist auch nicht immer einfach. Wenn über den Besuch des einen berichtet wird, könnte der andere verschnupft sein. Das musst du dann immer wieder ausgleichen. Ich brauch sie alle! Ich brauch sie definitiv alle!"

Auf einer politischen Sommertour besucht unter anderem Manfred Lucha (Bündnis 90/Die Grünen) die Familienherberge Lebensweg. Er ist bis heute Sozialminister von Baden-Württemberg. Auf ihren Sommertouren statten Politikerinnen und Politiker diversen Einrichtungen, Firmen und Projekten in ihrem Wahlkreis Besuche ab. Karin

& Co. stehen dabei immer wieder im Fokus. „Die einen schwingen große Reden, die anderen sagen nur einen Satz – und lassen sich daran dann festmachen." Karin kennt das politische Spiel bereits. In der Sommertour-Praxis bedeutet das: Der/die Staatssekretär/-in oder der/die Sozialminister/-in kommt mit dem jeweiligen Gefolge zu einem durchgetakteten Besuch nach Schützingen. Auch Karin selbst muss im Vorfeld melden, wer von ihrem Team vor Ort sein wird. Manchmal gibt es seitens der Politik auch Vorgaben: soundso viel Personen und nicht mehr. Begrüßungsrunde, Vorstellung der Einrichtung, Hausführung, warme Worte, Kaffee, Pressefotos. „So schnell sie gekommen sind, sind sie auch wieder weg", weiß Karin aus der Praxis zu berichten. Dennoch: Es darf keine Gelegenheit ausgelassen werden, Öffentlichkeitsarbeit zu betreiben und Kontakte zu knüpfen. Manches verpufft, manche Saat geht auf. Hin und wieder ist eine betroffene Familie bei solch einem Anlass dabei und berichtet aus ihrem Alltag. Dann wird plötzlich aus einem offiziellen Termin, aus einer politischen Inszenierung eine zutiefst menschliche Begegnung. Karin erinnert sich an einen Politiker, der am Ende des Berichts einer Mutter Tränen in den Augen hatte. Er habe noch nie mit einer Familie geredet, die ein behindertes Kind hat, gab er zu. „Der hat die Sorgen der Familien überhaupt nicht gekannt", sagt Karin fassungslos, „obwohl das Thema zu seinem Zuständigkeitsbereich gehört!" Da sitzen also Menschen an grünen Tischen und haben mit Themen zu tun, die ihnen in der Praxis noch nie begegnet sind. Alles blanke Theorie. Natürlich haben sie viele Bereiche zu beackern. Aber kommen sie tatsächlich mit Betroffenen und deren Schicksal in Berührung – wenn auch nur punktuell –, dann sind sie ganz erstaunt, manchmal auch geschockt. Dennoch ist der Weg zu einer aktiven Handlung und Veränderung noch weit. Im besten Fall ist die Erkenntnis ein erster Schritt in die richtige Richtung. „Ich fand es aber auch ganz großartig, dass er das zugegeben und sich nicht verstellt hat", ergänzt Karin.

„Da war noch einer", erinnert sie sich an einen anderen Politikbesuch. „Mit dem hab ich ganz, ganz viel geredet, der war total zugänglich." Einer, der sich mit Gesetzen auskennt und mit dem Staatssekretär involviert ist. „Am Ende alles nur Blabla und grad schad' um die Zeit!", beklagt Karin. Der Mann saß einfach nicht an der Stelle, an der er hätte was drehen können, hatte nicht den Einfluss, um etwas voranbringen zu können. „Das hab ich einfach lange nicht verstanden. Da investiert man dann oftmals viel Zeit in Gespräche und irgendwann merkt man: *Hm, eigentlich war das jetzt falsch investiert. Ergebnis gleich null!*" Karin fällt direkt ein weiteres Negativbeispiel ein: „Wir hatten mal kurzfristig Kontakt zu einem Lobbyisten. Erst große Klappe, das machen wir alles, aber da kam wirklich gar nichts bei raus!" Großspurige Vorgespräche, geheimniskrämerische Ankündigungen – das hat Karin bereits zu oft erlebt. Ihre eigene Geschichte zeigt: Es geht auch anders! Mit Beharrlichkeit und Pragmatismus, mit Überzeugung und großem Herzen lässt sich viel bewegen und viel erreichen. Was sie diesbezüglich auf dem politischen Parkett erlebt, ist oft ernüchternd.

Doch es gibt auch positive Erfahrungen. Nicht lange nach der Eröffnung der Familienherberge findet auf Initiative von Katja Mast im Speisesaal der Einrichtung ein Pflegeforum statt. Hier soll offen und ganz allgemein – auch unabhängig von Karins Projekt – über den Zustand in der

Pflege diskutiert werden. Aus Politik, Ärzteschaft und Pflege finden sich Menschen ein, tauschen sich aus, berichten aus ihrem Alltag, zeigen Missstände und Defizite auf. In einzelnen Workshops werden unterschiedliche Themen vertieft. Natürlich werden nicht alle Ideen sofort zielführend umgesetzt. Dennoch entstehen neue und wichtige Kontakte. Gleichzeitig freuen sich die Schützinger, dass ihr Haus auch für solche Zwecke genutzt wird.

Katja Mast ist es auch, die Karin Eckstein im Juni 2022 zu einem Spaziergang mit Bundestagspräsidentin Bärbel Bas (SPD) einlädt. Gespräche, Fotos, Presseberichte. Mittlerweile bewegt sich Karin selbstsicher auf dem politischen Parkett. Events, Gremien, Neujahrsempfänge. Karin nutzt alle Möglichkeiten, ihr Projekt vorzustellen und bekannt zu machen. Neben Katja Mast ist ihr auch – wie bereits erwähnt – die grüne Landtagsabgeordnete Stefanie Seemann (Wahlkreis Enz) besonders zugetan. Auch den Bundestagsabgeordneten Gunther Krichbaum (CDU, Wahlkreis Pforzheim), erwähnt Karin – ganz Profi – lobend.

Wie wichtig die Kontaktpflege zur Politik ist, zeigt sich an einem Beispiel während der Coronazeit. Als Anfang 2022 das Coronaaufholpaket für Familien eingeführt wird („Aufholen nach Corona für Kinder und Jugendliche"), ist es wiederum Katja Mast, die Karin darauf hinweist: Wer in einer Familienerholungsstätte Urlaub macht, erhält vom Bund 90 Prozent der Kosten ersetzt. Katja Mast nimmt die Familienherberge Lebensweg mit an Bord dieses Pakets – als einzige Einrichtung, die konkret für Familien mit behinderten Kindern konzipiert und ausgestattet ist. „Ich hätte das gar nicht mitgekriegt, dass das läuft", gibt Karin zu.

Endlich einmal nicht anklopfen, verhandeln, diskutieren müssen! Einfach nur die Info: Melden Sie sich dort! „So etwas passiert eben auch immer wieder und das finde ich einfach grandios! Frau Mast hat da den Gesamtüberblick, den ich gar nicht hab."

Schnittstellengespräch in Berlin

7. November 2018. Strömender Regen in Berlin. Eine kleine Delegation aus Illingen-Schützingen hat am Vortag die lange Zugreise aus dem Süden in die Hauptstadt angetreten. Statt Martin Mörmann, der verhindert ist, ist Eberhard Reschke an Karins Seite, ein ehrenamtlicher Helfer und später Schatzmeister des Fördervereins. Er ist politisch erfahren, kann gut reden und besitzt eine gute Auffassungsgabe, was für den anstehenden Termin wichtig ist. Heute treffen sich die Schützinger – gemeinsam mit den Freunden vom Kupferhof Hamburg und einigen anderen Einrichtungen – im Bundestag zu einem Schnittstellengespräch. Katja Mast und Gunther Krichbaum haben es eingefädelt. Ziel ist es, alle Gremien an einen Tisch zu bekommen, die mit dem Thema zu tun haben: Familien mit pflegebedürftigen Kindern, Behinderung, Erholung, Krankenkassen. Im Vorfeld hatte die Bundestagsabgeordnete Mast zu Karin gesagt: „Frau Eckstein, das gibt es ganz selten in Berlin, dass Menschen aus verschiedenen politischen Richtungen zu einem Thema zwei Stunden an einem Tisch sitzen!" Karin ist zuversichtlich. Das Thema ist wichtig, parteiübergreifend!

Deutscher Bundestag also. Bundesministerium für Familie und Soziales. Ein riesengroßer, Ehrfurcht einflößender Saal. Vertreterinnen und Vertreter aus unterschiedlichen Ministerien sind anwesend, deren Schriftführerinnen und Schriftführer, dazu Katja Mast und Gunther Krichbaum als Abgeordnete und die geladenen Einrichtungen. „Die Frau Mast hat uns noch einmal sehr wertschätzend vorgestellt. Dann durften wir erzählen. Jeder ist zu Wort gekommen. Wir haben wirklich alles angesprochen.“ Karin & Co. schütten ihr Herz aus, berichten von ihren Sorgen, den Finanzierungsproblemen, dass die Eltern keine Zuschüsse kriegen, dass die Familienherberge die Kosten für die Eltern extra niedrig hält. Alle in der Runde werden gefragt, welche Möglichkeiten sie sehen, wie man die Familienherberge und damit die betroffenen Familien unterstützen könne. „Insgesamt war es schön, mal gehört zu werden“, erinnert sich Karin, „es war aber auch ernüchternd, wie starr die Säulen und die Schubladen sind – selbst bei großem Wohlwollen.“ Große Wertschätzung – ja! Großes Wohlwollen – unbedingt! Sie brauchen Unterstützung – ja, da müssen wir was finden! All das ist besser als: *Vergesst es! Ihr seid nur eine Einrichtung! Was wollt ihr hier? Wenn ihr mal zwanzig Einrichtungen habt, dann kommt ihr wieder!* Dennoch zieht Karin eine durchwachsene Bilanz. Die Politikerinnen und Politiker signalisieren ihnen, dass sie gerne etwas für die Familienherberge tun würden, es aber nicht können. Sie würden gerne loslaufen, haben aber leider Ketten an den Füßen. Am stärksten bremsen die Vertreterinnen aus dem Familienministerium: „Ja, es gibt doch schon Einrichtungen, die Familienerholung bieten. Schließt euch dem Müttergenesungswerk an!“ „Könnten wir tun“, versucht Karin aufzuklären, „aber wir sprechen trotzdem eine andere Zielgruppe an, die wiederum anders finanziert werden muss. Unsere Zielgruppe kann eben nicht auf die Töpfe zugreifen, die es schon gibt!“ Außerdem: Was brächte es den Eltern, via Müttergenesungswerk eine Kur verschrieben zu bekommen, deren Anwendungen in der Familienherberge gar nicht angeboten werden. Viel mehr noch: Die Angebote einer klassischen Kur gehen an den Bedürfnissen der betroffenen Eltern vorbei – genau deswegen ist die Familienherberge Lebensweg ja angetreten. Es geht um die 24/7-Betreuung der pflegebedürftigen Kinder, um den Eltern Freiraum, Freizeit und Erholung zu bieten, die sie so dringend benötigen. Und um im Müttergenesungswerk aufgenommen zu werden, müssten in der Familienherberge wiederum ganz andere Strukturen geschaffen werden. Die bestehenden Strukturen sind aber exakt den Bedürfnissen der eigentlichen Zielgruppe angepasst … Karin bringt es auf den Punkt: „Eine Mutter braucht, wenn sie zu uns kommt, nicht wieder einen Terminplan, wo sie morgens zum Sport geht, mittags zur Meditation und nachmittags zum Gespräch. Sie braucht genau das Gegenteil! Sie braucht einfach nur frei!“

Das Gespräch gerät ins Stocken. Die Verantwortlichen suchen weiter nach Wegen und Mitteln und Organisationen, die es bereits gibt. Dort solle sich die Familienherberge doch anschließen. Vielleicht kennt die Frau Eckstein das ja noch nicht. Doch Karin und ihr Team haben alle Möglichkeiten, die vorgeschlagen werden, längst ausgelotet. Das Konzept der Familienherberge ist so speziell, dass es dafür einfach keine Anlaufstelle zu geben scheint, die für sie zuständig ist. Doch das, was Karin und ihre Angestellten in der Familienherberge anbieten, ist genau das, was die Familien brauchen.

Vor Karins innerem Auge spielt sich eine Szene aus dem Familienherbergsalltag ab: Drei Erwachsene sitzen am Tisch. Die Stimmung ist friedlich und gelöst. Eine Frau hat Tränen in den Augen, während sie lächelt und erzählt. Das Feedback der Frau ist eindeutig: „Mensch, das war richtig schön heute Morgen! Das hat meiner Seele gut getan!" Manchmal wundert sich Karin. Versteht das denn keiner in den Behörden und Ämtern? Dass sie dafür da sind, die Grundbedürfnisse der Eltern zu erfüllen und nicht den Checklistenkatalog von Werken und Kureinrichtungen? Sie schenken den Eltern Zeit! Und selbstverständlich auch ein offenes Ohr, Gesprächsbegleitung und Unterstützung in vielerlei Hinsicht. Nun bräuchte es eine Stelle, eine Finanzierungssäule, die explizit auf die Bedürfnisse für Familien mit behinderten Kindern zugeschnitten ist. Das ist Karins eigentlicher Wunsch. Doch davon ist man im November 2018 noch sehr weit weg.

In diesem Moment spürt Karin eine große Ernüchterung. So viel Herzblut und Mut, so viel Zeit und Energie, so viel Eigeninitiative hat sie in ihr Projekt gesteckt und viele andere mit ihr. Jetzt sitzt sie hier in Berlin in diesem überdimensionierten Saal, wird zwar anerkennend gewürdigt, hat aber dennoch das Gefühl, dass ihr der Wind aus den Segeln genommen wird. Der Wind, den sie so dringend benötigt, um ihr Schiff auf Kurs zu halten.

Manchmal allerdings sind die Dinge nicht so, wie sie scheinen. Manchmal kommt, wenn du gar nicht mehr damit gerechnet hast, nach der Flaute doch noch ein überraschender Windstoß. Beinahe unmerklich straffen sich die Segel. Es vergehen Wochen und Monate, bis Karin eine neue

Information aus dem Bundestag erhält. Katja Mast berichtet ihr von der Bundesarbeitsgemeinschaft Familienerholung, kurz BAG FE. Die Familienherberge Lebensweg wäre dort zwar die einzige Einrichtung ihrer Art – mal wieder! –, nämlich eine Familienerholungsstätte für eine bestimmte Zielgruppe. Dennoch könnte sie dort aufgenommen werden. Das wäre das Ergebnis weiterer Gespräche und Recherchen, erfährt Karin von Katja Mast, und eben auch eine Langzeitfolge des Berliner Schnittstellengesprächs. Doch die Dinge sind komplex. Die Familienherberge Lebensweg ist nach wie vor keinem Wohlfahrtsverband zugehörig, gehört nicht zur Diakonie, nicht zur Caritas. Die Vorgabe aus Berlin lautet jedoch: „Ihr müsst erst irgendwo dazugehören, damit ihr in der BAG FE aufgenommen werdet."

In einem monatelangen Prozess bewegen Karin Eckstein, Martin Mörmann & Co. die Frage, welcher übergeordneten Organisation sich die Familienherberge Lebensweg anschließen sollte. Ziel ist eine bessere Vernetzung und der einfachere und direktere Zugang zu weiteren Informationen und möglicherweise auch Finanzierungsmodellen.

Wie bereits erwähnt: Seit Mai 2022 gehört die Familienherberge Lebensweg als Mitglied zum Paritätischen. Der ist jedoch kein klassischer Dachverband mit klaren Vorgaben und Regulierungen. Nach wie vor ist die Familienherberge eigenständig. Als Mitglied im Paritätischen erhält sie nun Unterstützung bei diversen Themen. Ganz ohne Auflagen ging es allerdings nicht. Der Gesellschaftsvertrag der Familienherberge musste geändert werden, in dem Karin Eckstein und Martin Mörmann bislang alleine vertretungsberechtigt waren. Heißt in der Praxis: Gesellschafterversammlung einberufen, Notar bestellen, Gesellschaftsvertrag ändern. „Dann kannst du wieder zum Paritätischen gehen und sagen, so, jetzt haben wir das alles."

Da Martin Mörmann oft nicht vor Ort sein kann und die Zusammenarbeit auf absolutem Vertrauen basiert, waren in den ersten Jahren beide – Karin und er – alleine vertretungsberechtigt. Selbstverständlich ist für alle Beteiligten, dass die Geschäftsführung nie etwas tun bzw. unterschreiben würde, was der Gesellschaft schaden könnte. Zudem steckt auch privates Geld im Projekt Familienherberge. Dennoch versteht Karin die Anforderung des Paritätischen. „Blindes Vertrauen ist kein Kriterium, das du in der Geschäftswelt vermitteln kannst ..." Mittlerweile sind Karin und ihr ehrenamtlicher Kollege bis zu einem bestimmten Geldbetrag allein verfügungsberechtigt. Ab dieser Summe braucht es immer zwei Unterschriften. Nun darf sich der Kreis langsam schließen: Nach der Aufnahme im Paritätischen bewirbt sich die Familienherberge Lebensweg bei der BAG FE. „Da sitzen wir gerade am Checklistenkatalog ...", sagt Karin und lacht. Seit dem Schnittstellengespräch in Berlin sind einige Jahre vergangen. Aber immerhin: Da ist Wind in den Segeln. Immer noch und immer wieder.

Ein Alltag voller Wunder

Es kann nicht oft genug gesagt werden: Das Konzept der Familienherberge Lebensweg geht voll auf. Der Bedarf ist riesig, die Nachfrage groß. Wenn nicht gerade eine Pandemie die Welt im Würgegriff hat und es kaum möglich ist, zu planen, ist das Haus oft viele Monate im Voraus ausgebucht. Wobei hier immer einkalkuliert werden muss, ob genügend Pflegepersonal verfügbar ist. Denn wie in anderen Bereichen des Gesundheitswesens herrscht auch hier Personalmangel.

Doch im gleichen Maße, wie die Entstehungsgeschichte der Familienherberge Lebensweg von Hindernissen und Widrigkeiten geprägt ist, ist sie auch eine Geschichte voller kleiner und großer Wunder, eine Geschichte der sich öffnenden Herzen und Türen. Seitdem das Haus den Betrieb aufgenommen hat, geschehen die Wunder nahezu täglich. Manchmal muss man nur etwas genauer hinschauen, um sie zu entdecken. Der Glanz in den Augen der Kinder. Ein Lächeln, ein Lachen, ein Glucksen. Momente der Leichtigkeit und des Aufatmens für die Eltern. Ausschlafen, Zeit haben, Kaffeetrinken, Lesen, Ausflüge, ein Glas Wein am Abend. Auch für die Belegschaft ist es beglückend, wenn all das geschieht. Bei allem Einsatz, aller Aufopferung, aller Anstrengung – im Kleinen und Großen dürfen Menschen, die sich hier begegnen, ganz besondere Momente miteinander erleben.

Eine dieser wunder-wertvollen Geschichten erzählt Pflegerin Mona. Sie handelt von Rudi und spielt in den Anfangsmonaten nach der Betriebsaufnahme. Rudi ist damals bereits über 80 und in Trauer. Seine Frau ist vor Kurzem gestorben. Weil ihm zu Hause die Decke auf den Kopf fällt, meldet er sich bei der Familienherberge Lebensweg, die in seiner Nachbarschaft liegt, und bietet seine ehrenamtliche Hilfe an. Die Familienherberge arbeitet viel mit Ehrenamtlichen, Rudi ist herzlich willkommen.

„Das war seine Therapie", erinnert sich Mona. „Drei- bis viermal ist er in der Woche gekommen und hat mitgearbeitet. Die Kinder fanden das total toll. Die finden es immer toll, wenn auch mal ein Mann da ist, weil sonst überwiegend weibliche Pflegekräfte da sind. Da sind die Männer natürlich sehr begehrt. Rudi hat uns einfach sehr, sehr viel unterstützt. Er ist mit uns spazieren gegangen, hat vorgelesen, hat Kinder durch die Gegend geschoben, wenn sie unruhig waren, hat uns beim Essen mit den Kindern geholfen. Er war so engagiert und motiviert, das war einfach wunderschön mitanzusehen." Mona schmunzelt. „Mittlerweile ist er bei uns in Rente gegangen, weil er sich wieder verliebt hat. Wir haben aber einen ganz tollen Abschluss mit ihm gefeiert. Er hat sich so bei uns bedankt, weil wir ihm in dieser Zeit aus diesem Loch geholfen haben. Es war wirklich rührend!"

Zukunftsvision und Alltagskämpfe

Auch in der Gegenwart, im Herbst 2023, ist die Familienherberge Lebensweg durchgehend gebucht, wenn auch aufgrund des Fachkräftemangels nicht voll belegt. Ein Zeichen, wie sehr sie benötigt wird und wie sehr betroffene Eltern Erholung nötig haben. Doch auch wenn der Betrieb nun schon seit über fünf Jahren läuft, ist in vielen Bereichen noch sehr viel Luft nach oben. Karin träumt davon, dass die Finanzierung irgendwann so stabil ist, dass die Familienherberge zumindest eine schwarze Null schreibt. Wie schon des Öfteren erwähnt, wird man immer von Spenden abhängig sein, allein schon, weil die pädagogische Begleitung der Eltern ausschließlich über Spenden finanziert wird. Doch Karin hat die Vision, dass der Aufenthalt der Eltern in der Familienherberge eines Tages offiziell als Familienerholung anerkannt wird. „Dann würden die Eltern eine finanzielle Unterstützung für ihren Aufenthalt bei uns kriegen und wir könnten unsere Hotelkosten anheben und müssten nicht mehr so knapp kalkulieren. Das wäre mein Traum."

Karins Idee kommt nicht aus dem Nichts, sondern beruht auf den Erfahrungen und Gesprächen mit den Eltern. Sie geben ihr die Rückmeldung, dass die Familienherberge der einzige Ort ist, an dem sie sich tatsächlich erholen können. Hier will Karin noch einmal speziell aktiv werden, denn die Argumentation mit den bestehenden Möglichkeiten kennt sie bereits zur Genüge. Diese will sie beileibe nicht abwerten. „Es gibt andere tolle Werke, das Müttergenesungswerk zum Beispiel, alles ganz klasse. Aber dort gibt es keine 24-Stunden-Hilfe wie bei uns", sagt Karin. Viele Anwendungen können Eltern an solchen Orten, auch wenn sie offiziell auf Kur sind, also gar nicht wahrnehmen. „Noch einmal: Wenn das Kind nicht versorgt ist, helfen die besten Angebote nichts. Die Eltern sagen uns immer wieder, dass sie gar kein Programm wollen! Sie brauchen Ruhe, sie brauchen Zeit, sie brauchen sich als Paar und nicht tausend Anwendungen."

Oftmals sind Rehas und Kuren bereits genehmigt, doch die Eltern können sie nicht antreten, aus dem einfachen Grund, weil ihr pflegebedürftiges Kind nicht versorgt ist. Während Karin dabei ist, die Statements von den Eltern darüber zu sammeln, hat sie bereits Kontakt zu Krankenkassen und Reha-Trägern aufgenommen. Sie will sie an einen Tisch bringen. „Die, die normalerweise, wenn du sie einzeln einlädst, sagen, *‚Ah, das ist nicht unser Thema, das ist deren Thema‘*. Deshalb alle an einen Tisch, weil dann irgendwann einer den Ball aufnehmen muss."

Nach wie vor macht Karin das Thema Eingliederungshilfe im Alltag zu schaffen. Trotz des Vertrags, der für alle Landratsämter gilt, weigern sich einzelne Landratsämter immer wieder, die Pflege der Kinder zu zahlen. Mal, weil sie die Familienherberge Lebensweg nicht kennen, mal berufen sie sich auf ein neues Gesetz, das besagt, dass die Familien ihr komplettes Vermögen darlegen müssen, wenn sie Hilfe beantragen. So kommt es zu der absurden Situation, die sich – flapsig ausgedrückt – in folgendem Satz zusammenfassen lässt: *Erst wenn die Familien nichts mehr besitzen, was man noch zu Geld machen könnte, zahlt das Landratsamt die Eingliederungshilfe.* Karin erklärt, was das konkret für die Familienherberge bedeutet: „Wir haben noch ganz viele offene Posten von den Landratsämtern, teilweise mehr als ein halbes Jahr zurückliegend, die einfach nicht zahlen." Eltern und Familienherberge stecken eine Menge Zeit in die Auseinandersetzung mit den zahlungsunwilligen Landratsämtern. „Damit ist unsere Sozialberatung, die eigentlich für andere Dinge gedacht war, zurzeit zu hundert Prozent beschäftigt."

Noch so ein Thema, das immer wieder zu nervenaufreibenden Diskussionen führt, sind die sogenannten „freiheitsentziehenden Maßnahmen". Die Eltern müssen bei dem in ihrem Landkreis für sie zuständigen Richter beantragen, dass die Familienherberge die von ihr betreuten Kinder z. B. im Rollstuhl anschnallen darf, dass das Bettgitter nachts hochgefahren oder die Terrassentür elektronisch verschlossen werden darf. „Prinzipiell ist es durchaus sinnvoll und richtig, dass diese Maßnahmen genehmigt werden müssen“, sagt Karin. „In vielen Fällen funktioniert das auch gut.“ Da wird eine Sozialarbeiterin, ein Sozialarbeiter zu den Familien geschickt und die Sache ist erledigt. „Andere Landratsämter machen ein Mordsaufsehen, was wiederum die Eltern total unter Strom setzt. Wir hatten erst vor Kurzem eine Absage von Eltern, die gesagt haben, das können sie gar nicht alles leisten. Die waren mit all den Anträgen und Anforderungen einfach überfordert – sachlich, praktisch, psychisch und zeitlich. Es kann doch nicht sein, dass ein dringend benötigter Urlaub daran scheitert, dass die bürokratischen Hürden so hoch sind!“ Karin stellt angesichts der Erfahrungen, die Eltern mit Richtern gemacht haben, die Frage in den Raum, ob ein Richter die richtige Instanz für die Entscheidung in Sachen „freiheitsentziehende Maßnahmen“ ist, und macht gleichzeitig praktische Vorschläge: „Würde es in unserem Fall nicht reichen, dass ein Richter in Pforzheim sagt, *‚Ok, ich kenn die Einrichtung, da sind Profis am Werk, ich weiß, wie die es handhaben‘*? Könnte man nicht einfach Stichproben machen lassen, so wie es auch beim medizinischen Dienst üblich ist? Und könnten nicht wir das für die Eltern beantragen? Das wäre viel, viel einfacher, als wenn jeder das für sich beantragen muss und das Fass immer wieder neu aufgemacht wird.“ Man merkt Karin an, dass es genau diese Dinge sind, die ihr, ihren Mitarbeitenden und den Eltern das Leben zusätzlich schwer machen. So viel Zeit, Arbeit und Kraft muss investiert werden, bis es endlich genehmigt wird, Gutes tun zu dürfen …

„Es wird in manchen Fällen von den Eltern erwartet, dass sie ihr Kind persönlich beim zuständigen Richter vorstellen. Man hat uns schon berichtet, dass der Richter die Eltern gebeten hat, den Raum zu verlassen, damit er sich alleine mit dem Kind unterhalten kann! Mit einem schwerbehinderten, pflegebedürftigen Kind, das nicht reden kann!" Karin packt die Wut. „Geht's noch? Wirklich so richtig daneben!", entfährt es ihr. „Ich finde das so geringschätzend den Eltern gegenüber, der Familie gegenüber! Dieses Begutachten, dieses Hinterfragen! *Muss ihr Kind überhaupt angeschnallt werden?* Als ob die Eltern das aus bösem Willen machen! Man versetzt sich einfach nicht in die Lage der Eltern, da wünsche ich mir mehr Sensibilität. Mit Sicherheit hat manches seine Berechtigung, es geht schließlich um das Wohl des Kindes. Aber so vieles könnte man vereinfachen, an so vielen Stellen könnte man wertschätzender sein, den Eltern entgegenkommen. Da muss echt noch viel passieren! Die Eltern kommen sich immer und überall als Bittsteller vor! Das kann eigentlich nicht sein!"

Doch Karin wäre nicht Karin, wenn sie nicht auch in diesem Fall Zuversicht verbreiten würde. Vor Kurzem erst war eine Familie mit schwerbehinderten Zwillingen in der Familienherberge zu Gast. Zu der Mutter, die Anwältin ist, hat sich ein guter Kontakt entwickelt. Sie hat sich mittlerweile selbstständig gemacht und sich auf die Anliegen betroffener Familien spezialisiert. „Vielleicht wird hier mal ein Präzedenzfall durchgezogen, an dessen Ende ein richterlicher Beschluss steht", hofft Karin. „Da muss man dann nicht diskutieren, sondern kann sagen: *So wurde es richterlich beschlossen und daran müsst ihr euch halten!*"

Die Familie mit den Zwillingen war übrigens auch schon zu Gast im Kupferhof in Hamburg. Dass sie auch in Schützingen eingecheckt haben, zeigt, dass das Konzept der Rund-um-die-Uhr-Betreuung plus Hotelbereich voll aufgeht. Die Mutter, die Anwältin also, so berichtet es Karin, habe es lange nicht für möglich gehalten, ihre Kinder in fremde Hände geben zu können. Es begeistert sie, dass sich die Pflegekräfte hier so viel Zeit nehmen, dass sie nachfragen, ob sie auch alles richtig verstanden haben. Und natürlich ist für die Eltern die Tatsache beruhigend, dass sie jederzeit in der Pflege vorbeischauen können. „Ich sage es gerne noch einmal: Dieses Zeitnehmen, mit den Eltern alles durchzusprechen, zu wissen, ihr könnt jederzeit kommen, ihr könnt jederzeit gehen, dieser Freiraum, für den ich immer wieder plädiere, ist genau das, was es den Eltern ermöglicht, ein wenig zur Ruhe zu kommen, zu entspannen", sagt Karin. Die wertschätzende, warme Atmosphäre, die Geborgenheit, die freundlichen, hellen Räumlichkeiten – es ist genau das, was die Eltern brauchen, genau das, was ihnen gut tut. Und es sind genau diese Rückmeldungen, die Karin und Team auf ihrer Mission bestätigen. „Wenn die Eltern hier ankommen, sollen sie die ganzen Probleme, auch die finanziellen, einfach mal vergessen und nicht spüren. Sie sollen wirklich ankommen, das Angebot annehmen und sich erholen. Das ist genau das, wofür wir da sind. Und die Dankbarkeit der Familien ermutigt uns ungemein."

Es ist ein Wechselbad der Gefühle. Denn schon schießen Karin wieder ernüchternde Beispiele in den Kopf, mit denen sie tagein, tagaus konfrontiert ist. Nicht nur in Sachen Bürokratie und der Zusammenarbeit mit Behörden sieht sie großen Verbesserungsbedarf. Beim Thema Behinderung geht es immer wieder auch um die allgemeine gesellschaftliche Akzeptanz. Karin gibt die Erzählung einer Mutter wieder, Stichwort: Bittstellerdasein. Da belegt jemand unberechtigterweise einen Behindertenparkplatz – aber sie, die Mutter, ist diejenige, die sich rechtfertigen muss. Die Mutter weint sich bei Karin aus. „Ich muss dem erklären, das ist eigentlich mein Parkplatz, mein Kind ist schwer, ich kann es nicht so weit zum Arzt tragen. Ich bin diejenige, die sich überall erklären muss. Ich muss überall die Behinderung meines Kindes erklären, muss erklären, dass es schwerer geworden ist und wir einen neuen Autositz brauchen. Erklären, erklären, erklären!“ „Was diese Eltern leisten und was sie erleiden, davon machen sich die meisten Menschen keine Vorstellung“, sagt Karin. „Von Akzeptanz und Wertschätzung sind wir noch weit entfernt.“ Auch dafür ist die Arbeit der Familienherberge Lebensweg da. Karin und Team wollen ein Sprachrohr sein und den Eltern in Sachen Akzeptanz helfen, ihnen sozusagen ein bisschen die Normalität schenken, nach der sie sich sehnen.

Ein anderes Beispiel. Eine Mutter, die plötzlich allein für ihre Tochter verantwortlich ist. Sie sind Stammgäste in Schützingen. Ihr Mann ist krank geworden, nun muss sie dringend wieder arbeiten gehen. Dabei ist sie restlos erschöpft vom Pflegealltag mit ihrer Tochter. Geplant ist eine Reha, danach eine Fortbildung, dann der Wiedereinstieg ins bezahlte Berufsleben. Doch solange das Kind nicht versorgt ist, kann die Mutter keine Reha antreten. Ohne Reha keine Kraft für die Fortbildung – und natürlich auch hier die Frage: Was ist mit der Tochter während der Fortbildung? Rattenschwanz, Dauerschleife, Teufelskreis. Die

Familienherberge versucht auf jedes Einzelschicksal einzugehen. Die Überlegung: Wir bieten einen Langzeitplatz für die Tochter an, ein halbes Jahr vielleicht. So kann die Mutter in die Reha, danach die Schulung machen und dann wieder ins Arbeitsleben einsteigen – zumindest stundenweise. So eine Langzeitversorgung würde auch gewisse praktische Vorteile mit sich bringen: Weniger Wechsel im Haus bedeuten weniger Aufwand und einen besser eingespielten Pflegeablauf. Weniger Wechsel bedeuten außerdem mehr Planungssicherheit und gesicherte Einnahmen. Doch ein längerer Pflegeaufenthalt müsste wiederum vertraglich geregelt werden – alles Überlegungen, die Karin und ihr Team beschäftigen. Und wieder kommt die Kämpferin in Karin durch: „Es kann doch nicht sein, dass die Mutter aufgrund ihres Schicksals in die Armutsspirale rutscht! Das ist doch verrückt! Da müssen wir doch helfen können!“

Verrückt ist auch diese Geschichte: Eine Frau hat drei Pflegekinder, eines davon ist gerade 18 geworden. Mit dem 18. Geburtstag fällt es aus der Eingliederungshilfe raus. Von einem Tag auf den anderen müsste die Mutter die Kosten für die 18-Jährige selber tragen – oder sie lässt sie zu Hause, was natürlich nicht geht. Karin dazu: „Entweder die Mutter sagt den kompletten Urlaub bei uns ab oder sie finanziert den Aufenthalt des älteren Kindes selber oder aber wir finanzieren das Kind. Wir haben in diesem Fall Gespräche auf höchster Bundesebene geführt, in der Hoffnung, dass man mit den Landratsämtern in Verhandlungen tritt.“ Aktueller Stand: Es gibt Landratsämter, die auch für Kinder über 18 zahlen. Es gibt andere, die knallhart antworten: „Wir finanzieren doch der Mutter nicht den Urlaub, dazu sind wir nicht da!“ Eine Pause entsteht. In Karin arbeitet es. Dann bricht es aus ihr heraus: „Also, da würde ich manchmal wirklich gerne eine Keule einpacken und persönlich vorstellig werden! Es ist so eine Frechheit! Wenn man überlegt, was die Ämter bezahlen müssten, wenn die Mutter alle drei Kinder in ein Heim gibt! Wenn man das überlegt! Und hier geht es um nicht einmal 2.000 Euro für die Sozialkasse! Da fehlen mir die Worte! Am Ende haben wir natürlich gesagt, die Mutter soll kommen, keine Frage! Wir werden es mit unseren Spenden schon irgendwie decken ..."

Energiekrise, Löhne, Kosten

Wie alle anderen trifft die Energiekrise 2022/23 auch die Familienherberge Lebensweg hart. „Ich habe jetzt Pellets gekauft", berichtet Geschäftsführerin Karin. „400 Prozent Preissteigerung! Ich weiß nicht, wie es weitergeht." Stolz ist Karin darauf, dass die Arbeitsplätze ihrer Angestellten im Moment noch sicher sind. Doch auch das Thema Löhne ist nicht einfach. Überall gibt es Lohnsteigerungen in der Pflege, und das ist gut, wichtig und richtig so, befindet auch Karin. Für sie bedeutet es natürlich auch, dass die Familienherberge mitziehen muss. „Unser Pflegepersonal ist unser größter Schatz! Die arbeiten total genial! Aber die sind natürlich auch in einem Dilemma: Die sagen, der Arbeitsplatz ist super, wir möchten gerne bleiben, aber wenn der Lohn nicht ausreicht, müssen wir uns umgucken." Doch die dringend notwendigen Lohnerhöhungen reißen wiederum ein Loch in die betriebswirtschaftlichen Zahlen. Es ist ein ständiger Kampf. Das gilt auch für den Hotelbereich. Jeder kann sich ausrechnen, dass die bislang extrem günstigen 75 Euro für ein Doppelzimmer mit Vollpension für zwei Personen die Kosten, die der Familienherberge entstehen, bei Weitem nicht decken können. Doch schon die moderate Preiserhöhung auf 79 Euro bereitet Karin Bauchschmerzen. „Die Familien stehen ja eh schon finanziell unter Druck, haben teilweise hohe Kosten aufbringen müssen, um ihre Wohnung behinderten- bzw. pflegegerecht umzubauen." Auch 79 Euro pro Doppelzimmer, Nacht und Verpflegung können die Kosten nicht decken, zumal Wasser und Energie immer teurer werden. Deshalb sind die Verantwortlichen derzeit dabei, das Energiekonzept ihres Hauses zu optimieren. Kapazitäten für Solar, Notstromversorgung, Selbstversorgung, zusätzliche Wärmepumpen – alles Dinge, mit denen sich die gelernte Kinderkrankenschwester auseinandersetzen muss. Alles Dinge, die zunächst wieder Investitionen voraussetzen, um längerfristig Geld einzusparen. „Aber das kennen wir ja", sagt Karin lachend. Trotz allem, was man über sie weiß, fragt man sich manchmal doch, wo diese Frau ihre Kraft, Geduld und Zuversicht hernimmt.

Im Rampenlicht

Natürlich sind es in erster Linie die betroffenen Familien, die Karin im Blick hat. „Für sie lohnt es sich, dass wir jeden Tag alles geben!", sagt sie. Doch es sind auch diese Momente der Anerkennung, die sie weitermachen lassen: Bei der „Tribute to Bambi"-Gala 2022 tritt die Familienherberge Lebensweg für einen Abend ins große mediale Rampenlicht. Karin lacht herzhaft und sagt ironisch: „Das ist ja genau mein Ding! Also, mich hat es im Vorfeld schon genervt, was man da alles bedenken muss, aber ob Stars und Sternchen, C- oder D-Promis, das ist völlig wurscht! Wir brauchen einfach jede Hilfe und sind dankbar, wenn Menschen mit ihrem Geld etwas Gutes tun wollen." Bei der Gala trifft sich einmal im Jahr alles, was Rang und Namen hat, nationale und internationale Stars sowie Partner aus Wirtschaft und Medien, um Spenden für die Förderprojekte der „Tribute to Bambi"-Stiftung zu sammeln. Im Herbst 2022 ist tatsächlich die Familienherberge Lebensweg eines von drei Projekten, die unterstützt werden. Man konnte sich im Vorfeld dafür bewerben. Die Zusage hatte in Schützingen natürlich große Freude ausgelöst. Am 5. Oktober 2022 finden sich Karin Eckstein und Martin Mörmann also in einer Glamour-Welt wieder, mit der sie ansonsten nicht viel zu tun haben. Sie sind jedoch auch beeindruckt davon, dass an diesem Abend das Hauptaugenmerk wirklich auf den vorgestellten Sozialprojekten liegt. Natalia Klitschko präsentiert die Refugio-Kunstwerkstatt, eine Einrichtung in München, die für geflüchtete Kinder aus der Ukraine Kunsttherapie anbietet. Cathy Hummels (Originalton Karin: „Ich kenn mich mit Promis nicht aus. Das zweite Projekt wurde von einer Kathi Holm oder so ähnlich präsentiert") stellt das nach ihr benannte Programm bei der Stiftung Deutsche Depressionshilfe vor. Als Pate für die Familienherberge Lebensweg tritt Schauspieler Wayne Carpendale auf. Karin muss wieder einmal lachen: „Ich musste erst mal googeln, ob das wirklich der Sohn von Howard Carpendale ist." Von der Zusammenarbeit ist sie dann allerdings restlos begeistert. Tribute to Bambi hatte im Vorfeld der Gala einen Filmbericht in der Familienherberge gedreht, Wayne Carpendale war dabei, um sich vor Ort ausführlich über die Arbeit zu informieren. Seine Präsentation der Familienherberge auf der Bühne der Charity-Veranstaltung rührt Karin zu Tränen. „Er hat es ganz, ganz toll gemacht! Ich war so angetan, dass ich mir gedacht hab, *Mensch, da würde ich gern mitmachen, wenn ich's nicht schon kennen würde …*"

Nicht nur bei der Initiatorin selbst kommt die Vorstellung des Projekts gut an. Die Familienherberge Lebensweg findet an diesem Abend großen Anklang und erhält viel Aufmerksamkeit. Viele Menschen kommen auf Karin zu, überlegen, wie sie helfen können. Das Netzwerk erweitert sich. Neben den Spenden, die eingenommen werden, bezahlt Tribute to Bambi der Familienherberge ein Jahr lang eine Pädagogenstelle. „Das tut uns unwahrscheinlich gut! Aber auch die Wertschätzung, die wir erhalten haben und dass einfach wieder Menschen auf uns aufmerksam geworden sind, die das Thema vielleicht in ihrem Umfeld weiter bekannt machen. Dafür tauche ich dann auch gerne mal in diese Welt ein, die eigentlich so gar nicht meine ist", sagt Karin schmunzelnd.

Karin privat

Seit Jahren setzt Karin ihre ganze Kraft ein für Familien, die Unterstützung und Erholung brauchen. Wie erholt sie sich eigentlich selbst? Ein Strahlen breitet sich auf ihrem Gesicht aus. „Ich renne in den Wald! Laufsachen und Wald – das ist für mich Erholung! Niemand und nichts stört mich, ich habe auch keine Kopfhörer im Ohr. Mit mir und Gott unterwegs zu sein, da kann ich mich ziemlich gut erholen. Bei einem Buch und einem guten Glas Bier gelingt es auch sehr gut. Ich komme zwar aus einer Weingegend, aber ein

Bier ist mir tatsächlich lieber. Das kann man auch gut nach dem Laufen trinken", sagt Karin fröhlich. „Ich bin jemand, die sich ziemlich schnell herunterfahren kann. 14 Tage Urlaub brauch ich nicht, das ist nicht meins, da werde ich unruhig. Drei Tage raus, irgendwo an einem Platz, wo ich schon öfter war – das ist es. Da bin ich sofort angekommen und fahre runter."

Und dann ist da natürlich die Familie, ohne die nichts gehen würde. Hätten ihr Mann Bernd und ihre Kinder Hannah, Andreas und Ruven nicht mitgezogen, wäre das Projekt Familienherberge nicht möglich gewesen. Doch von Anfang an waren sie genauso begeistert von der Vision wie Karin und standen bedingungslos dahinter. „Unsere Kinder waren schon relativ groß, als es losging. Die waren ganz froh, dass die Mama nicht mehr acht Stunden am Tag um sie herum war!" Wieder lacht Karin auf. Aber das meint sie ernst: „Ohne den Rückhalt und das Verständnis der Familie ist es schwierig, so etwas zu stemmen. Da bin ich meiner Familie wirklich sehr dankbar. Sie waren der Anker für mich und haben mich immer wieder durchgetragen."

Wir erinnern uns an die Anfangsjahre: Ohne die tatkräftige Unterstützung ihres Mannes Bernd wäre Karins Traum von der Familienherberge nicht Realität geworden. Bis heute sind Karin und Bernd ein großartiges, eingespieltes Team. „Wenn er jedes Mal sagen würde: ‚*Bist' schon wieder fort*' oder ‚*Schon wieder ein Wochenende nicht da*' oder ‚*Schon wieder ein Abendtermin*', dann hätten wir ständig Zoff. Da ist ein ganz großer Freiraum und eine Großzügigkeit! Das ist echt klasse!"

Bernd Eckstein ist im Beirat der Familienherberge Lebensweg, ist gedanklich sowie mit Wort und Tat ständiger Begleiter und Unterstützer des Projekts. Für alle Familienmitglieder ist es selbstverständlich, bei den Festen mit anzupacken. Andreas und Ruven sind unglaublich praktisch veranlagt, haben beispielsweise die Aufgabe übernommen, für das Sommerfest Zelte zu besorgen, sie aufzubauen und wieder abzubauen. Es ist diese Selbstverständlichkeit und der Zusammenhalt, der die Familie Eckstein auszeichnet, und gleichzeitig verbindet sie alle die Faszination für das Wunder, das in Schützingen entstanden ist. Karins und Bernds Schwiegertochter Tabea Eckstein beispielsweise hat im Fundraising für die Familienherberge gearbeitet. Praktisch alle haben eine Rolle, sind auf irgendeine Art und Weise hauptberuflich oder ehrenamtlich involviert.

Als Maschinenbautechniker ist Bernd Eckstein hauptberuflich auf einer ganz anderen Schiene unterwegs. „Aber das ist auch das Gute!“ Karin freut sich über den Blickwinkel, den ihr Mann einbringt. So manche Ideen, die Karin aus dem Gefühl heraus in den Raum wirft, zerpflückt Bernd, weil er die Dinge ganz anders durchdenkt. „Hast du dir das so gut überlegt“, fragt er dann und erläutert seine Gedanken. Vor allem, wenn es um Zahlen geht, bittet Karin ihn immer wieder um Hilfe. Bernd ordnet und sortiert sachlich und fachlich. Beide Herangehensweisen sind eine Bereicherung für die Familienherberge Lebensweg. Ganz abgesehen von der praktischen Hilfe bis ins kleinste Detail, die die wenigsten sehen und für die es selten bis nie Anerkennung und Applaus gibt. Das große Engagement in der Planungsphase, die vielen Abende und Wochenenden in

Besprechungen und Gesprächen, aber auch auf der Baustelle, vom Flure-Ausmessen bis hin zur kompletten Gartengestaltung – Karins Mann ist aus dem Gesamtprojekt nicht wegzudenken.

Bernd Eckstein versteht sich gut mit Martin Mörmann, auch das ist ganz arg wichtig, betont Karin. „Da herrscht einfach großes Verständnis und wenn wir mit Martin was zu besprechen haben – wir wohnen ja im selben Ort –, dann sitzen Bernd und Martins Frau Gabriele natürlich auch meistens dabei."

Doch Karin zahlt auch einen Preis für ihr aufopferungsvolles Engagement. „Jetzt habe ich zum dritten Mal hintereinander die Geburtstagsfeier meiner Schwiegertochter verpasst. Das tut schon auch weh!" Es fällt Karin nicht leicht, private Dinge hintanzustellen, doch oft lassen sich berufliche Termine einfach nicht absagen oder verschieben. Sie wird spürbar nachdenklich. „Man verändert sich ein Stück weit. Man wächst so sehr in seine neue Rolle hinein, lernt durch den Beruf ständig neue Leute kennen, hat tausend Dinge im Kopf. Ich versuche gerade, in mein privates Sozialgefüge ein wenig zurückzufinden." Karin vermisst ihre alten Freundschaften. Es ist schwer, alle Kontakte aufrechtzuerhalten und regelmäßig zu pflegen. Da ist durchaus eine innere Zerrissenheit in ihr. „Ich will nicht das Gefühl vermitteln, dass mir die Freundschaften nicht wichtig sind, aber es geht grad einfach nicht anders. Ich hab nur 24 Stunden am Tag und wir sind mit der Familienherberge noch auf dem Weg. Ich kann nicht mitten auf der Strecke sagen, so, jetzt zieh ich mich raus und kümmere mich um meine Privatangelegenheiten. Es ist wie ein Spagat zwischen zwei Welten."

Wenn wir nicht klein anfangen, wird das Große nie passieren!

Rückblick im Zeitraffer: Rund 13 Jahre ist es her, dass sich Karin Eckstein erstmals darüber Gedanken gemacht hat, wie und wo sich Familien, die ihre Kinder zu Hause pflegen, erholen können. Etwa ein Jahr später äußert sie im engsten Familienkreis den Gedanken, dass man doch selber etwas starten könnte – auf dem Grundstück der Eltern. Monate ziehen ins Land, die Idee wächst weiter, ein Netzwerk aus Mitstreiterinnen und Mitstreitern entsteht, Menschen, die Karins Vision nicht als verrückte Flause abtun. Aus Gesprächen erwachsen Konzepte, aus ungefähren Vorstellungen konkrete Berechnungen und Zahlen. Eine gemeinnützige GmbH entsteht, es wird ernst. Aus dem vagen Traum wird ein konkretes Ziel. Und trotz aller Hindernisse, Rückschläge, aller Frustration und Verzweiflung entsteht im Gehen ein Weg, gesäumt von Wundern. Erst sind es kleine Ermutigungen, die sich häufen, dann gehen immer mehr Türen auf, bald große Scheunentore. Nach Jahren der Vorbereitung und drei Jahren Bauzeit öffnet schließlich die Familienherberge Lebensweg ihre Tore. „Natürlich, es war wahnsinnig viel Arbeit", sagt Karin heute. „Doch am Ende hat es sich gelohnt und lohnt es sich jeden Tag für die Familien, denen wir helfen können. Viele kleine Dinge haben zu diesem Ziel geführt. Doch wenn wir nicht klein anfangen, wird das Große nie passieren!"

Am Anfang des Weges hätte sich Karin niemals vorstellen können, einmal da zu stehen, wo sie heute ist. Sie hätte sich eher in der klassischen Außenministerrolle oder nach wie vor in der Pflege gesehen, nicht in der Geschäftsführung. Lange hat sie sich innerlich sogar dagegen gewehrt, eine Führungsposition einzunehmen. „Wir sind ein Team, anders geht es nicht. Aber es gibt gewisse Dinge, die tun Geschäftsführer eben", sagt Karin schmunzelnd, „und in die Rolle hineinzuwachsen, ist mir unwahrscheinlich schwergefallen!" Oft fällt es ihr heute noch schwer, die Richtung vorzugeben. Doch ihren Traum, ihr Ziel hatte sie immer klar vor Augen. Vielleicht ist das ein Teil des Geheimnisses: Die klare Vision, das klare Zukunftsbild war Karin immer präsent. Hätte sie anders planen sollen, eine andere Rolle einnehmen, einen alternativen Weg einschlagen sollen? Hätte Karin das eine anders machen und das andere früher bedenken sollen? Und wenn schon. „Irgendwann hat uns eine Welle ergriffen, die uns immer weitergetragen hat, trotz aller Rückschläge", sagt sie. In all den Jahren kam nie ein ernsthafter Zweifel auf, dass der Weg falsch sein könnte – auch wenn es manchmal nicht weniger als ein Wunder gebraucht hat, um den Traum am Leben zu halten. „Das Immer-weiter-getragen-Werden war Signal genug. Es war einfach dran. Allein schon deshalb würde ich es immer wieder tun!"

Viele Wünsche sind noch offen. Eine komplette Finanzierung müsste her, eine Gesetzesänderung. Es gibt zu viele Familien, die nicht genug versorgt werden. Ihnen zu helfen, ist nach wie vor Karins Wunsch, Auftrag und Hoffnung.

Melancholie, Inspiration, Glaube

„Jetzt kommt gerade die Sonne raus." Karin lächelt, schüttelt sanft den Kopf. Auf einmal wirkt sie nachdenklich. „Es ist nicht leicht, sich nicht selber zu verlieren auf so einem Weg." Von außen, konkretisiert sie, entstünde möglicherweise manchmal der Eindruck, dass alles wahnsinnig toll funktioniert. Da steht plötzlich ein Haus, das da vorher nicht war, da leitet man auf einmal einen Betrieb, der innerhalb kürzester Zeit von acht auf fast sechzig Festangestellte aufgestockt hat, und alle Welt glaubt, Karins Leben wäre eine einzige Erfolgsstory. „Die äußere Baustelle ist Geschichte. Und vieles ist ja auch wirklich klasse!" Es ist, als fände Karin aus einem Anflug von Melancholie zurück in die Gegenwart. „Doch es gibt noch so viele Baustellen, es ist noch so viel zu tun!"

Wäre sie Coach, was würde sie Menschen raten, die ein Projekt verwirklichen wollen? Karin erwacht wieder ganz zum Leben. „Ich war tatsächlich schon einmal zu einem Vortrag bei Start-ups eingeladen als Keynote-Speaker. Da musste ich erst einmal wieder googeln, was das ist. Meine Kerngedanken waren: *Verwerft die gute Idee nicht! Bleibt dran und teilt sie mit anderen. Lasst euch ehrliches Feedback geben von den Menschen aus eurem Umfeld! Werft euren Traum bei unterschiedlichen Gelegenheiten immer wieder in den Ring! Vergrabt ihn nicht! Man hat nicht umsonst eine gute Idee! Man spürt nicht umsonst dieses Feuer, brennt nicht umsonst für eine Sache. Egal, wie es weitergeht. Ich glaube, man kriegt nicht einfach eine gute Idee, um sie dann wieder sterben zu lassen!*" So hat es Karin gemacht: ihre Idee ausgesprochen, sich mitgeteilt, Mitstreiterinnen und Mitstreiter gefunden. Ohne sie wäre sie nicht so weit gekommen. Und dann ergab der eine Schritt den nächsten.

Dann ist da ja noch Karins Glaube, diese sympathische Mischung aus Spiritualität und Pragmatismus, aus Gebet und „einfach machen". „Ich hole mir ständig Inspiration, höre Radio, höre Musik, lese in der Bibel, lese Kurztexte, hab einen Kalender mit positiven Glaubensaussagen auf meinem Tisch stehen. Da stoße ich immer wieder auf gute Gedanken und dann frage ich Gott vertrauensvoll: *Was ist heute dran?* Und da mir der Zettel mit den klaren Anweisungen bekanntlich leider nicht vom Himmel in den Schoß fällt, lege ich einfach los und treffe meine Entscheidungen." Und wenn Dinge schiefgehen? Was ist mit all dem Stress, den Rückschlägen, den Hindernissen? „Wenn ein Problem da ist, heißt das ja nicht, dass Gott nicht da ist. Wenn alles Mist ist, dann ist Gott auch in dem Mist da, sag ich jetzt mal." Karin gluckst. „Es ist einfach so, das weiß ich!" In vielen Situationen, erzählt sie weiter, spürt sie in sich hinein, denkt die Dinge für sich durch. Dann wendet sie ganz praktisch die Methode an, die sie in ihrem Vortrag empfohlen hat: Sie unterhält sich mit Menschen, denen sie vertraut. In Karins Umfeld sind viele davon ebenso gläubig, das macht es ihr umso einfacher, ihre Antworten auch als kleinen Fingerzeig Gottes zu sehen. „Das klingt immer so komisch, deswegen sage ich das in aller Vorsicht. Aber für mich ist es so, auch wenn es manchmal kompliziert ist. Es ist schon vorgekommen, dass ich an einem Tag den Bibelvers gelesen habe: ‚*Gott ist mit dir in allem, was du tust*' (1. Mose 21, Vers 22). Voller Begeisterung erzähl ich dann dem Martin Mörmann eine Idee und der sagt, das müssen wir noch mal überlegen." Wieder lacht Karin und meint es dennoch genau so, wie sie es sagt: „Letztendlich muss ich eine Entscheidung fällen. Dann wäge ich alle Gedanken und Argumente ab, vertiefe mich aber jetzt auch nicht stunden- und tagelang in eine Meditation. Notfalls gehe ich in den Wald und bete." Dieses Gebet formuliert sie so, als würde sie mit einem guten Freund, einer guten Freundin reden: „Hey, also jetzt steh ich wirklich vor der Entscheidung und ich treff die jetzt. Wenn es sein soll, dann hoffe ich darauf, dass Du Deinen Segen gibst und mit mir gehst! Und wenn nicht, dann muss ich das bitte auch erkennen!"

„Das mag kindlich-naiv sein", sagt Karin, „aber dazu stehe ich." Im Magazin *ZEIT WISSEN* liest sie, dass Naivität oft als Steigerung von dumm definiert wird. „Aber naiv ist nicht dumm", steht da weiter.

> *„In manchen Situationen ist es genau die richtige Haltung. Manchmal ist es nicht Abwägen, Bedenken und Vorausplanen, was Menschen weiterbringt, sondern Begeisterung, Mut und Urvertrauen – Naivität"* (ZEIT WISSEN, Ausgabe März/April 2023, S. 22).

Karin hat bis heute viele Entscheidungen getroffen. Nie im Alleingang, immer im Team, aber dennoch Entscheidungen. Sie alle haben dazu geführt, dass es sie heute gibt, die Familienherberge Lebensweg in Illingen-Schützingen, Adresse: Hinter dem Dorf 50. Offensichtlich sollte es geschehen: das Wunder hinter dem Dorf.

Dein eigenes Projekt

Liebe Leserin, lieber Leser, wir hoffen, die Geschichte der Familienherberge Lebensweg hat dich inspiriert! Vielleicht hast du deine eigene Idee, dein eigenes Projekt, das in dir schlummert, das du angehen möchtest, das du zur Welt bringen möchtest. Vielleicht ist es Zeit, deine Idee mit anderen zu teilen, dir Rückmeldungen einzuholen. Vielleicht findest du Menschen, die deine Vision fasziniert und die sie mit dir gemeinsam verwirklichen wollen. Vielleicht ist es dieser eine Satz, der dich ermutigt, den nächsten Schritt zu tun: *Wenn wir nicht klein anfangen, wird das Große nie passieren!*

Und: Vielleicht liegt es dir auf dem Herzen, die Familienherberge Lebensweg zu unterstützen, damit noch vielen Familien, die es wirklich nötig haben, geholfen werden kann. Folgende Möglichkeiten gibt es: Einerseits kann man eine Mitgliedschaft im Förderverein abschließen. Noch besser: Man kann eine Patenschaft übernehmen. Auf der Homepage **www.familienherberge-lebensweg.de** sind unter „Mitmachen" bzw. „Helfen" die verschiedenen Möglichkeiten aufgelistet. Die Patenschaften helfen Karin und ihrem Team ungemein, direkt am Bedarf ausgerichtet die Löcher zu stopfen. Sie freuen sich sehr über jede einzelne Patenschaft! Egal, wie sich die Arbeit der Familienherberge entwickeln wird, sie wird immer auf Unterstützung angewiesen sein. Danke für jede Hilfe!

EPILOG

An einem äußerst trüben Januartag im Coronajahr 2022 treffe ich mich mit meinem Freund Carsten in Köln. Wir sitzen in einem mexikanischen Restaurant. Immerhin ist die Gastronomie, wenn auch unter strengen Auflagen, geöffnet. Fiesta-Mexicana-Stimmung will jedoch so recht keine aufkommen. Carstens Agentur, die Fuchs von Morgen GmbH, die sich – ausgerechnet – auf das Thema „Zukunftsbild" für Unternehmen und Privatpersonen spezialisiert hat, kämpft sich genauso mühsam durch die Pandemie wie ich als freiberuflicher Liedermacher, Podcaster und Texter. Ob und wann geplante Konzerte wieder stattfinden können, ist zu diesem Zeitpunkt, knapp zwei Jahre, nachdem Corona das Leben verändert hat, schwer abzusehen. Das Essen schmeckt, die Stimmung ist dennoch bedrückt.

„Würdest du auch ein Buch schreiben?" Carstens Frage kommt aus dem Nichts. Vor über zwanzig Jahren hatte ich schon einmal ein Buch geschrieben, einen Reiseführer im Auftrag der Österreichischen Romantikstraße. Danach habe ich mich in erster Linie auf meine Karriere als Liedermacher konzentriert, einige Ausflüge als Texter, Moderator bzw. in den Journalismus inklusive. „Worum geht's?", frage ich, während die Kellnerin frische Mais-Tortillas serviert. Carsten Fuchs berichtet mir von seiner Kundin Karin

Eckstein, die zu dieser Zeit ein Zukunftsbild-Seminar bei ihm belegt. Sie hat die Idee, dass ihre Geschichte in einem Buch erzählt werden könnte. Da sie selber keine Schreiberin ist, ist sie auf der Suche nach jemandem, der das für sie tut. Carsten erzählt mir von Karin Ecksteins Familienherberge. Ich bin schwer beeindruckt, winke aber dennoch ab. Ich brauche jetzt handfeste Aufträge, die mich durch die konzertlose Zeit bringen, kein Sozialprojekt, bei dem man keine Business-Preise aufrufen kann. So denke ich damals. „Soll ich den Kontakt wenigstens mal herstellen?“ Carsten lässt nicht locker, deutet aber auch an, dass ich zu nichts verpflichtet bin und mir keinen Stress machen soll. Ich zögere. Und sage zu.

Wenige Tage später erhalten Karin und ich eine E-Mail mit dem Betreff „Fröhliche Vernetzung!“ Carsten stellt uns gegenseitig vor. Seine Nachricht endet mit den Worten: „Vielleicht kommt ihr ja in Sachen *‚Dokumentation Story Familienherberge‘* zusammen. Falls nicht, habt ihr jeweils einen spannenden Menschen kennengelernt – das ist ja auch nicht schlecht.“

Nun beschäftige ich mich doch etwas intensiver mit Karin Ecksteins Familienherberge Lebensweg und da kommt mir eine Idee: Wäre Karin nicht ein wunderbarer Gast für meinen Podcast? Da kann sie einerseits ihre Geschichte erzählen, andererseits lernen wir uns persönlich kennen und können uns über ein mögliches Buchprojekt austauschen. Gesagt, getan. Am 21. Februar 2022 erscheint mein Podcastgespräch mit Karin Eckstein – nachzuhören unter www.jetztwirdspersoenlich.net bzw. überall dort, wo es Podcasts gibt.

Eine der großen Lehren, die ich aus der Begegnung und den vielen Gesprächen mit Karin ziehe: Bei allem Schweren, das auch der eigene Lebensweg bislang mit sich gebracht hat, *dieses* Schicksal hat dich nicht getroffen! Das, was die Familien, um die es Karin geht, durchmachen, ist mit deinen eigenen Lebenskämpfen nicht zu vergleichen. Ich selber durfte immer wieder erleben, dass sich der Himmel aufhellte, nachdem es dunkel geworden war. Diese Familien aber stecken im Grau des Dauersturms fest! Ich bin ein wenig beschämt, wenn ich an meine Erstreaktion denke: „Nee, lass mal! Ich brauche jetzt Business-Aufträge!“ Was es braucht, sind Menschen wie Karin und ihre Mitstreiterinnen und Mitstreiter! Menschen, die die Bedürfnisse anderer nicht nur erkennen, sondern ihnen mit Rat und vor allem Tat zur Seite stehen. Menschen, die ihre Träume – auch zum Nutzen anderer – in die Tat umsetzen. Menschen, die dich und mich dazu inspirieren, das anzugehen, was uns wirklich am Herzen liegt. Das hilft nicht nur anderen, sondern macht dich auch selber glücklich! Gibt es etwas Schöneres?

DANK

Karin Eckstein:

Allen voran danke ich meinen Eltern Marianne und Gerhard Oehrle. Euer Lebensweg ist während der Entstehung dieses Buches leider zu Ende gegangen. Ohne euren Weitblick und eure Großherzigkeit, gepaart mit der Weisheit, sich nicht an Altem festzuhalten, gäbe es heute sicher keine Familienherberge und somit auch nicht dieses Buch.

Ich danke von Herzen meinem Mann Bernd. Du hast alles mitgetragen, hast mitgedacht und begleitet, mich niemals eingeschränkt, sondern immer bedingungslos unterstützt. Danke an meine Geschwister Walter, Jürgen, Margret und Markus und ihre Familien sowie an unsere Kinder Hannah, Andreas und Ruven und ihre Lieben. Ihr habt euch auf verschiedenste Art und Weise eingebracht und mir den Freiraum gegeben, den ich gebraucht habe.

Vielen Dank, Martin Mörmann. Du bist ein besonderer Mensch, ein wertvoller Freund und Begleiter. Deine Erfahrung, Loyalität und Klarheit sowie dein Mut, dich auf die Vision einzulassen, waren und sind unbezahlbar. Deine Familie musste dich für das Projekt Familienherberge oft entbehren. Danke dafür!

Danke, Angelika Miko! Du bist mir zu einer Freundin geworden, warst von der ersten Sekunde an Feuer und Flamme und hast mich immer angespornt. („Wenn du es nicht tust, mach ich es!“)

Danke an alle Familien, die ich begleiten und in der Versorgung ihrer besonderen Kinder unterstützen durfte. Danke für euer Vertrauen und den sehr persönlichen Einblick in euren schwierigen Alltag.

Herzlichen Dank an Carmen Würth und Ulrich Roth. Danke für den Austausch mit Ihnen, Frau Würth, und dir, Uli, und den langjährigen Kontakt zur Stiftung Würth, der letztendlich dazu geführt hat, dass dieses Buch im Swiridoff Verlag erschienen ist.

Danke an Carsten Fuchs, der Klaus-André Eickhoff und mich zusammengebracht und diesen gemeinsamen Prozess ermöglicht hat.

Danke, Klausa, für deine Geduld, deine Recherchen, deine empathische Art im Gespräch, deine Ruhe beim Zuhören und deine spürbare Freude, das Gehörte in diesem Buch zu formulieren.

Ich danke allen, die von Anfang an an das Projekt Familienherberge geglaubt haben, die mitgebetet, mitgezweifelt und angefeuert haben. Danke allen Verwandten, Freundinnen, Freunden, Wegbegleiterinnen und Wegbegleitern und dem Förderverein Lebensweg. Alle Unterstützerinnen und Unterstützer können gar nicht aufgezählt werden, aber ich danke Ihnen und euch allen von ganzem Herzen!

Stellvertretend vielen Dank an die Menschen der ersten Stunde: Heinz Kümmerle, Helmut Bäuerle, Rainer Stutz und Florian Matt.

Ich bin Gott dankbar für die Gnade und den Segen, die ich durch die Entstehung der Familienherberge Lebensweg erfahren durfte, und dafür, von so vielen wunderbaren Menschen begleitet worden zu sein.

Möge meine Geschichte auch dich, liebe Leserin, lieber Leser, berühren und ermutigen, zu tun, was dir auf dem Herzen brennt.

Klaus-André Eickhoff:

Die Arbeit an diesem Buch und die Zusammenarbeit mit Karin Eckstein und einigen ihrer Wegbegleiterinnen und Wegbegleitern hat mir große Freude bereitet. Ich danke in erster Linie dir, Karin, für deine herzliche und zugleich klare und unkomplizierte Art. Vielen Dank, Martin Mörmann, Mareen Baumann und Mona Hoffmann! Danke, Carsten Fuchs, dem „Fuchs von Morgen“, für deinen Impuls, Karin und mich zu vernetzen. Danke für Feedback und Ideen an Stefan Loß und Susanne Ospelkaus, genauso an Rahel Täubert, nicht nur für die tollen Fotos von Karin, sondern auch für entscheidende konzeptuelle Hinweise. Vielen Dank an Lektorin Isolde Bacher für die angenehme und unkomplizierte Zusammenarbeit. Herzlichen Dank an Carmen Würth für die Anregung und Unterstützung, dieses Buch im Swiridoff Verlag herauszubringen!

Fotonachweis
Großes Coverfoto: Rahel Täubert
Familienherberge Lebensweg (S. 65, 82 oben, 83, 84)
Peter D. Hartung (S. 78 unten)
Volker Henkel (S. 75 unten)
Willi Kraut (S. 71)
Nico Matz (S. 66)
Christian Metzler (S. 76/77, 78 oben, 79, 80/81, 82 unten)
Rolf Muth (S. 68, 69 oben)
Familie Oehrle (S. 67)
Rafael Rednak (S. 69 unten)
Markus Schultz, www.kreativmodus.de (S. 70, 72/73, 75 oben)
Michaela Wilms (S. 74)

Familienherberge Lebensweg

Unterstützung bieten. Freiraum schenken.

Regeneration für Familien mit schwerstkranken Kindern.

Autor: Klaus-André Eickhoff
Herausgeberin: Karin Eckstein
Lektorat: text_dienst Isolde Bacher, Stuttgart
Gestaltung: Peter Langemann, München
Druck und Bindung:
Schweikert Druck, Obersulm-Eschenau

ISBN 978-3-89929-438-5